Lukas Bärfuss
Die Krone der Schöpfung

Lukas Bärfuss
Die Krone der Schöpfung
Essays

WALLSTEIN VERLAG

I

Storytelling

Sie werden die Situation kennen: Ein erfolgreicher Autor wird gefragt, wo er seine Geschichten finde, und dieser gibt folgende Antwort: »Ich finde sie auf dem Markt, im Zug oder in der Kneipe. Geschichten gibt es überall. Man muss sie nur erkennen.«

Das klingt plausibel. Erlebt nicht jeder, ob Autor oder nicht, täglich seine Geschichte? Komische, seltsame, oft traurige Legenden, die man vielleicht gefunden, aber gewiss nicht gesucht hat? Die Antwort ist einleuchtend, weil sie sich mit unserer Erfahrung zu decken scheint. Trotzdem ist sie nicht korrekt. Sie ist falsch. Die richtige Antwort müsste lauten: »Geschichten sind künstliche Gebilde. Natürlicherweise kommen sie nicht vor. Sie gehören in die Kategorie der Ideen, in den Bereich des Imaginären. Geschichten finde ich ausschließlich an einem Ort – und zwar in meinem Kopf.«

Geschichten prägen unsere Kultur, unser Leben, die Art, wie wir die Welt erleben. Und trotzdem weiß man in der Regel kaum etwas über ihre Struktur. Die wenigsten Menschen stellen sich die Frage, wie Geschichten zustande kommen, wie sie wirken und warum sie erfunden werden. Das ist bedauerlich, denn die Fähigkeit, Geschichten erzählen zu können, hat die Entwicklung des Menschen mehr bestimmt als das Feuer oder die Erfindung des Rades.

Die Welt, die uns begegnet, ist die Gesamtheit der Tatsachen, wie es beim Philosophen Ludwig Wittgenstein heißt. Auf welche Weise diese Tatsachen verbunden sind, erklären sie nicht aus sich selbst heraus. Um zu verstehen, wie das eine mit dem anderen zusammenhängt, brauchen wir eine Geschichte, die darlegt, was Ursache und was Wirkung ist. Wir wissen, in welcher Weise der Stein mit den Scherben in Verbindung steht, obwohl wir ihn nicht durch die Fensterscheibe fliegen sahen. So weit, so logisch.

Doch verknüpfen wir auch Tatsachen zu Geschichten, die in keinem Ursache-Wirkung-Verhältnis stehen und zwischen denen es offensichtlich keine Verbindung gibt. Hier ein kleines Beispiel. »Ich schreibe. Draußen schneit es.« Beide Tatsachen (ich schreibe, es schneit) dieser Aussage könnte ich mit Hilfe der meteorologischen Daten, dem Nachweis meines Aufenthaltsortes und mit einer Fotografie beweisen. Die Tatsachen sind korrekt, aber mein Schreiben hat mit dem Schneefall nicht das Geringste zu tun. Es gibt außer ihrer Gleichzeitigkeit keinen Zusammenhang. Es würde auch schneien, wenn ich nicht schreiben würde, und würde ich meine Tätigkeit von der Witterung abhängig machen, wäre ich ein seltsamer und neurotischer Schriftsteller.

Trotzdem sind diese beiden Tatsachen in Ihrem Kopf nun verbunden. Sie haben als Bild Gestalt angenommen, ein Bild, das nicht falsch ist. Doch die Tatsachen sind sehr willkürlich gewählt. Während ich schreibe, ereignen sich gleichzeitig viele andere Tatsachen. Schon die Zahl jener, die in meinem Erfahrungshorizont liegen, übersteigt die Menge derer, die ich sinnvollerweise aufschreiben kann, um ein Vielfaches. Dazu kommt die unendliche Anzahl aller Tatsachen, die sich ebenfalls ereignen, von denen ich jedoch keine Ahnung habe.

Eine Geschichte ist eine willkürliche Auswahl verknüpfter Tatsachen. In unserem Beispiel geschieht die Verknüpfung durch die Reihung, doch die Sprache kennt Möglichkeiten der direkteren, engeren Verbindung. In der Grammatik nennt man diese Verbindungen Konjunktionen. Dazu gehören Worte wie »und« oder »dass«. Es gibt eine Theorie über die Konjunktionen, hier soll uns nur genügen, dass der Zusammenhang, den sie zwischen Tatsachen herstellen, nicht überprüfbar sein muss, um akzeptiert zu werden.

Natürlich ist es wichtig, Geschichten kritisch zu hinterfragen – aber das ist äußerst schwierig, um nicht zu sagen unmöglich. Sie konnten sich nicht gegen die Verbindung Schnee-Schreiben wehren. Geschichten sind mächtiger als unser kritisches Bewusstsein. Und das hat evolutionäre Gründe.

Jenseits der Instinkte, die wir mit den Tieren teilen, sind es die Geschichten, die uns als Menschen das Überleben garantieren. Um einer Gefahr zu entgehen, muss ich Tatsachen verknüpfen, und die Art und Weise, wie ich das tue, entnehme ich den Geschichten, die ich über diese Tatsachen kenne. Die Gefahr des Straßenverkehrs begreife ich, weil meine Eltern und der Dorfpolizist Tatsachen verknüpft haben und die Medien mir täglich solche Geschichten erzählen. Ich muss niemals einen Verkehrsunfall erlebt haben, um zu begreifen, wie ich die Tatsache »Ich stehe an der Straße« mit der Tatsache »Ein Lastwagen nähert sich« verknüpfen muss: Ich sollte besser warten, bis der Sattelschlepper vorbei ist.

Und jetzt kennen Sie auch die einfachste Art, eine Geschichte zu beginnen. Man nimmt eine Tatsache und stellt eine zweite dazu. Die Geschichte ist dann zu Ende, wenn ich eine dritte Tatsache liefere, die die Verknüpfung der beiden klärt. »Die Frau steht in der Küche. Auf dem Tisch liegt eine Pistole.« Die Spannung wird aufrechterhalten, bis der Leser weiß, ob und auf welche Weise diese beiden Tatsachen verbunden sind. Hat die Frau die Pistole gesehen? Wird sie die Pistole nehmen? Was wird sie anstellen?

Diese Methode ist ein alter Hut, wenigstens für jene, die professionell Geschichten erzählen. Daneben gibt es eine Reihe anderer Techniken, um den Leser an den Haken zu bekommen. Ankündigungen etwa sind sehr wirksam, oder wenn man die Erwartungen des Lesers bricht. Die Erforschung, wie Geschichten beschaffen sein müssen, damit Menschen sich mit ihnen beschäftigen, hat in den letzten hundert Jahren große Fortschritte gemacht.

Im neunzehnten Jahrhundert waren die Dramaturgien der Werkstruktur verpflichtet, sie begriffen Geschichten von ihrem Aufbau her. Beispielhaft dafür ist »Die Technik des Dramas« von Gustav Freytag aus dem Jahr 1863.[1] Wie seine Vorgänger, von denen Aristoteles der berühmteste ist, verstand auch Freytag viel von der Struktur, allerdings wenig darüber, wie Geschichten auf den Leser oder Zuschauer wirken.

Das änderte sich erst zu Anfang des zwanzigsten Jahrhunderts, und der Grund dafür waren die Produktionsbedingungen einer neuen Kunst, die dreißig Jahre nach Freytags Werk in einer chemischen Fabrik am Rande der französischen Stadt Lyon von den Gebrüdern Lumière erfunden wurde. Im Gegensatz zur Literatur und zum Theater wurden Filme industriell hergestellt. Der finanzielle Einsatz war hoch, und die Besitzer des Studios hatten alles Interesse daran, ihr Risiko zu minimieren. Sie wollten wissen, weshalb bestimmte Geschichten von den Menschen geliebt, andere aber abgelehnt werden. Eigentlich ist es ganz einfach, wie Billy Wilder, einer der erfolgreichsten Regisseure des klassischen Hollywoods, festhielt: »Pack die Zuschauer bei der Gurgel und lass sie nicht mehr los.« Aber wie soll das geschehen? Mit welchen Mitteln? Man brauchte verlässliche Methoden.

Eine der erfolgreichsten wurde 1946 entwickelt, von einem gewissen Lajos Egri, ein Ungar, der als Kind in die USA emigriert war, sich als Gewerkschafter engagierte und daneben einige mäßig erfolgreiche Stücke schrieb, bis er sich auf das Unterrichten verlegte. Sein Buch »The Art of Dramatic Writing«,[2] zum ersten Mal 1946 erschienen, legte den Fokus auf das Betriebssystem einer Geschichte. Für Egri war nicht mehr die Struktur entscheidend, sondern das, was er Prämisse nannte. Darunter verstand er den Zweck, den er jedem Moment, dem Leben und deshalb auch einer guten Geschichte

1 Gustav Freytag: Die Technik des Dramas. Darmstadt: Wissenschaftliche Buchgesellschaft, 1982.
2 Lajos Egri: The Art of Dramatic Writing: Its Basis in the Creative Interpretation of Human Motives. New York: Simon and Schuster, 1946.

unterstellte. Für »König Lear« definierte er die Prämisse: »Blindes Vertrauen führt in den Untergang«, für »Romeo und Julia« dagegen »Liebe trotzt dem Tod«. Egris Dramaturgie ist zweifellos von der Prüderie und vom Moralismus seiner Zeit geprägt, gleichwohl hatte er den Schlüssel gefunden. Es ist nicht die äußere Struktur, die Geschichten erfolgreich macht, sondern das behauptete, aber ungeklärte Verhältnis zwischen den Tatsachen. Das ist es, was uns gefangen nimmt.

Egri wird bis heute gelesen und wurde zum Vorbild für eine unüberschaubare Zahl an Büchern, die dem Wesen der Geschichte auf die Spur kommen wollen, jene von Syd Field,[3] Sol Stein[4] und Robert McKee[5] sind darunter nur die berühmtesten. Heute hat die Frage, wie es narrativen Strategien gelingt, uns in ihren Bann zu schlagen, schon längst die Erforschung der menschlichen Hirnstrukturen und der kognitiven Prozesse erreicht. Man ist sehr erfolgreich darin. Wenn Sie also das nächste Mal wissen wollen, warum Sie nicht von einer Netflix-Serie lassen können, sollten Sie etwas aus dem Gebiet der Neurophysiologie lesen.

Das Wissen über die Art, wie Geschichten funktionieren, blieb jedoch nicht in der Filmindustrie. Es wurde von der Literatur übernommen, die Wirtschaft wandte es an, die Politik und schließlich auch der Journalismus. Dort nennt man diese Disziplin »Storytelling«, und sie wird an den einschlägigen Schulen intensiv unterrichtet. Dieses Interesse ist nachvollziehbar – doch ist es für einen Journalisten auch legitim? Die Antwort eines Medienschaffenden lautet: gewiss, solange sich die Geschichten an die Tatsachen halten. Aber wie wir gese-

---

3 Syd Field: The Foundations of Screenwriting. New York: Dell, 1979.
4 Sol Stein: Stein on Writing: A Master Editor of Some of the Most Successful Writers of Our Century Shares His Craft Techniques and Strategies. New York: St. Martins Press, 2000.
5 Robert McKee: Story Substance, Structure, Style, and the Principles of Screenwriting. London: Methuen, 2014.

hen haben, beginnt eine Geschichte nicht mit den Tatsachen, sondern mit ihren Verknüpfungen, und diese sind zu guten Teilen eine Erfindung, die nur einen einzigen Zweck verfolgt: den Leser bei der Gurgel packen, wie Billy Wilder gesagt hätte.

Wie dieses Wissen angewendet wird, zeigt sich jeden Tag in Dutzenden, wenn nicht Hunderten Zeitungsartikeln. Nehmen wir ein beliebiges, nicht weit hergeholtes Beispiel: eine Reportage, die in der Online-Zeitung »Die Republik« erschienen ist und von einer Radrennfahrerin handelt. Im Einführungstext steht zu lesen: »Nicole Reist gewann das Race Across America – und sah um sich herum nur Leere.«

Die Autorin hat ihre Lektion in Storytelling gut gelernt. Wie beim Beispiel mit der Frau und der Pistole weiß sie, dass ich mit großer Wahrscheinlichkeit weiterlesen werde, weil ich wissen muss, in welcher Weise diese beiden Tatsachen miteinander in Verbindung stehen. Aus evolutionären Gründen will mein Hirn nicht ausschließen, dass auch ich eines Tages das Race Across America bestreiten könnte, und dann wäre es besser, etwas über diese Leere zu wissen. Also: Sah Nicole Reist die Leere, weil sie am Race Across America teilgenommen hatte? Oder weil sie als Siegerin durchs Ziel fuhr? Hätte sie die Leere nicht gesehen, wenn sie den zweiten Platz gemacht hätte? So lange ich das nicht überprüfen kann, bin ich gezwungen weiterzulesen. Das Raffinierte dabei: Auch die Reportage wird diese Frage nicht beantworten, denn dazu müsste sie die Situation reproduzieren können. Das funktioniert nur im wissenschaftlichen Modell. Im Experiment kann man eine Situation mit sämtlichen relevanten Parametern reproduzieren. Doch in der Wirklichkeit funktioniert das nicht. Das strebt die Autorin aber auch gar nicht an, im Gegenteil: Die Tatsachen sollen unüberprüfbar bleiben, damit sie meine Aufmerksamkeit erzwingen. Nur so packt mich eine Geschichte. Nur so lässt sie mir im Grunde keine Wahl, keine Freiheit. Denn wie nennt man eine Geschichte, die besonders mächtig ist, die mich keinen Augenblick loslässt? Man nennt sie *fesselnd*.

Was sind die Gründe für das schwindende Vertrauen in den Journalismus? Für viele Medienschaffende liegt die Antwort auf der Hand: Politische Kräfte attackieren die Glaubwürdigkeit, um ihre Unabhängigkeit zu beschneiden. Das ist zweifellos richtig – und das ist zweifellos der Fall, seit es die Presse gibt. Die Mächtigen mögen keine Zeitung, die sie nicht selbst kontrollieren.

Ein Teil der Verantwortung für den Vertrauensverlust fällt allerdings auf die Medien selbst zurück. Die Macht der Geschichten ist groß, und Dramaturgie ist eine wirkungsvolle Droge. Der Journalismus hat sie in den letzten Jahren in gewaltigen Schlucken getrunken, er ist davon süchtig und krank geworden. Die Medien meinten, mit ihrem Storytelling die Aufmerksamkeit der Leser gewinnen zu können, aber sie haben sich den Methoden des Marketings übergeben. Der Fall um Claas Relotius, ein Reporter beim Nachrichten-Magazin DER SPIEGEL, der über Jahre Geschichten erfand und sie Reportagen nannte, ist die Nemesis dieser Entwicklung. Sein ausgezeichnetes Storytelling vernebelte selbst in der legendären Dokumentation, die jeden Bericht auf Herz und Nieren prüft, den Blick auf die Prämisse des Journalismus: Er soll keine Geschichten erzählen. Er soll Tatsachen berichten.

Aber sind schlichte Tatsachen nicht langweilig? Nur wenn es bekannte Tatsachen sind. Unbekannte Tatsachen haben die Kraft, die Welt von Grund auf zu verändern, und die Nachricht, die als erste vermeldet, dass außerirdisches Leben existiert, braucht kein Storytelling. Leider ist es viel teurer und aufwändiger, unbekannte Tatsachen zu beschaffen, als eine Geschichte zu erzählen. Der Kostendruck hat die unheilvolle Entwicklung zu immer mehr Storytelling angeheizt.

Viele Menschen glauben, Geschichten seien harmlos, sonst würde man sie Kindern nicht vor dem Schlafengehen erzählen. Häufig nehmen wir Geschichten nicht ganz ernst. Das zeigt sich in den Eigenschaftswörtern, die wir dem Begriff beistellen. Wir sagen: eine kleine Geschichte, eine lustige Geschichte, eine blöde, vielleicht auch eine traurige Geschichte. Das alles können Geschichten sein, vor allem aber sind sie mächtig. Nichts beherrscht und formt den Menschen wie seine Geschichten. Der Mensch kennt Geschichten, die viele tausend Jahre alt sind. Jede Macht trägt eine Gefahr in sich, und tatsächlich gibt es sehr gefährliche Geschichten. Jede politische Idee, jede Religion, jede Sekte, jede soziale Struktur, die Menschen beherrscht, erfindet für ihre Mitglieder zuerst eine Geschichte. Sie halten Nationen zusammen, lassen sie Kriege führen, machen Gläubige friedlich oder fanatisch.

Deshalb hat jeder, der Geschichten erfindet, eine große Verantwortung. Die Welt ist die Summe der Tatsachen, wie gesagt, und hier nun eine Sache, die sich jeder Journalist über den Schreibtisch hängen sollte: Eine Geschichte, die in der Welt ist, wird selbst zur Tatsache. Das ist das Gefährliche an ihr. Die Geschichte über die Radrennfahrerin gehört dazu, und es wird nun immer die Verbindung hergestellt werden zwischen dem Sieg und der Leere. Obwohl das eine mit dem anderen möglicherweise nichts zu tun hat.

In den letzten Jahren wurde viel über Fake News gestritten. Aber das ist die falsche Diskussion. Die menschliche Vorstellungskraft unterscheidet nicht nach Wahrheit oder Lüge. Sie urteilt nach anderen Kategorien: Anschaulichkeit und Grad affektiver Beteiligung. Geschichten, die einmal den Weg in unser Bewusstsein gefunden haben, ob Lüge oder nicht, bleiben darin, sofern sie nicht vergessen werden. Auch darum hat man ihre Macht eingehegt und ihnen bestimmte Räume zugewiesen, im Theater, im Roman, im Kino. Die Religionen, die die Macht der Geschichten am stärksten ausgenutzt haben, hat man in ihre Schranken gewiesen, aber wir leben in einer Zeit, in der viele Geschichten entwichen sind und sich in Gebieten ausbreiten, wo sie Schaden anrichten. Das Storytelling macht den Journalismus unsicher, die Politik und sogar die Universitäten richten Abteilungen für Storytelling ein. Es wäre an der Zeit, sich zu überlegen, wie man diese wilden Rosse wieder einfängt, bevor sie alle Zäune niedergerissen haben.

Wahrheit und Wirklichkeit

1.

Die Wahrheit ist in vieler Munde. Es sollte uns beunruhigen, denn es bedeutet, dass sie in umso weniger Herzen ist.

2.

In der ersten Ausgabe von »Historische Urteilskraft«, dem Magazin des Deutschen Historischen Museums Berlin, setzt Daniel Kehlmann in einem Text mit dem Titel »Geschichten erzählen, Geschichte erzählen«[1] seine Arbeit als Schriftsteller der Arbeit eines Historikers gegenüber und zieht eine deutliche Grenze. Während der Historiker herausfinden solle und wolle, was geschehen sei, würde er, der Dichter, lügen und erfinden. Trotzdem sei auch er auf der Suche nach der Wahrheit. Die entscheidende Frage, die Kehlmann selbst stellt, aber nicht beantwortet, lautet: Gibt es verschiedene Wahrheiten, wovon eine nur dem Lügner, also dem Schriftsteller, zugänglich ist? Weil Kehlmann einer Antwort ausweicht, stellen sich plötzlich weitere Fragen: Warum, zum Beispiel, verspürt der Schriftsteller die Notwendigkeit, diese Unterscheidung zu treffen? Will er die Reputation der Geschichtswissenschaft retten, indem er das Feld der einen Disziplin, die Fakten, von jenem der anderen, die Fiktion, sauber trennt? Oder sucht er für sich selbst, als Schriftsteller, einen Raum, wo er seine Literatur vor weltanschau-

[1] Daniel Kehlmann: Geschichten erzählen, Geschichte erzählen. In: Historische Urteilskraft 1 (2019), S. 6f.

lichen Anwürfen in Sicherheit bringen kann? Aber die Probleme des einen Gewerbes können ebenfalls und gleichzeitig die Probleme des anderen darstellen, und es müsste mittlerweile deutlich sein, dass die ideologischen Kämpfe im Nachgang der Postmoderne nicht befriedet werden können, wenn wir einfach die Felder der Disziplinen abstecken und hoffen, dass niemand die Grenzen verletzt und Konterbande betreibt.

3.

Vor einiger Zeit behauptete eine Philosophin im öffentlich-rechtlichen Rundfunk, dass es den Zweiten Weltkrieg nicht gegeben habe. Was wir unter diesem Begriff zusammenfassten, so meinte sie, zerfalle in unzählige Einzelereignisse. Es sei eine unzulässige Verkürzung, die Komplexität der Wirklichkeit in einen einzigen Begriff zu fassen. Ferner habe kaum ein Zeitgenosse dieses Wort damals verwendet. Und schließlich würde der Zweite Weltkrieg in anderen Kulturen anders genannt, so heiße der Deutsch-Sowjetische Krieg in Russland »Der Große Vaterländische Krieg«.

Es handelt sich dabei nicht um eine Sophisterei unter Akademikern, vielmehr um einen Ausläufer der Turbulenzen, die den Menschen des einundzwanzigsten Jahrhunderts aus dem Gleichgewicht bringen. Nach wie vor finden sich Trümmer des zwanzigsten Jahrhunderts, die man sich bei Gelegenheit an den Kopf wirft, und man fürchtet, die Kontrahenten in der Auseinandersetzung um die kulturelle Hegemonie könnten irgendwann zu wirkungsvolleren Flugobjekten greifen.

4.

Einerlei, ob sich jemand Schriftsteller oder Historiker nennt, und gleichgültig, welche Mittel und Instrumente er bei der

Ausübung seiner Tätigkeit benutzt, ob sie nun Quellenkritik oder erlebte Rede heißen, die Vergangenheit ist niemandem zugänglich. Aus dieser Verschlossenheit definiert sie sich. Sie ist das, was war, in Abgrenzung dessen, was ist und was sein wird. Diese allgemeine, alltägliche Erfahrung verdeckt nur eine grundsätzlichere Tatsache: Was sich uns durch das Wissen tatsächlich nicht erschließt, ist die Wirklichkeit als solche, gerade auch jene, die sich in der Gegenwart vollzieht. Dies beweist der Umstand, dass sich die Vergangenheit auch dann nicht erschlösse, wenn wir sie auf die gleiche Weise erfahren könnten wie die Gegenwart. Sie wäre nur eine weitere Gegenwart und die Gleichzeitigkeit unzähliger Ereignisse, deren Zusammenhänge uns zum überwiegenden Teil verborgen blieben. Und weiter: Selbst wenn sich sämtliche dieser Ursachen einem bestimmten Bewusstsein erschlössen, könnte ich sie nicht darstellen, denn das wäre gleichbedeutend mit einem totalen Abbild der Wirklichkeit, das dann, per definitionem, von dieser Wirklichkeit ununterscheidbar wäre. Ein absurder Gedanke, gleichwohl wurde und wird dieses totale Abbild versucht. Es gibt eine beinahe kindliche Sehnsucht, eine Vorstellung, dass man sich der Vergangenheit nähern könne, indem man den Aufwand und die Zahl der dargestellten Ereignisse erhöht. Hollywood erliegt ihr immer wieder. Aber nur, weil man Kriegsschiffe in den Ärmelkanal bringt und mit Tausenden von Komparsen den 6. Juni 1944 darstellt, versteht man den D-Day nicht besser. Aber die Entwicklung der technologischen Illusionsmöglichkeiten hat zu einem Verlust dieser lapidaren Einsicht geführt.

5.

Die Wirklichkeit bleibt mir verschlossen, aber das bedeutet nicht, dass es sie nicht geben würde. Dasselbe gilt für die Vergangenheit, oder, präziser formuliert, für ein beliebiges

Ereignis in der Vergangenheit. Die Wirklichkeit zu verstehen würde bedeuten, ihre Unermesslichkeit zu verstehen. Ihre Unermesslichkeit definiert sich durch die Unbeschränktheit der Ursachen, die zwischen den Ereignissen wirken können. Auf welche Art die Ursachen wirken, kann ich untersuchen. Aber die größte Zahl dieser Ursachen liegt hinter meinem Informationshorizont. Ich weiß einfach nichts davon. Was sich hinter der nächsten Hausecke ereignet, sehe ich nicht. Und der Hausecken gibt es viele.

Je mehr Ursachen ich kläre, umso deutlicher wird die erkenntnistheoretische Lücke zwischen meiner Erfahrung und der Wirklichkeit. Man hat das Wissen eine Kugel genannt, die im Ozean des Unwissens schwimme. Mit jedem Erkenntnisgewinn wird sie größer, und daher nimmt die Oberfläche und ihr Kontakt mit dem Unwissen zu.

Die Wirklichkeit wird nicht verstanden, die Wirklichkeit wird zuerst empfunden. Wenn ich die Umstände der Heirat zwischen Carlos II von Spanien und Marie Louise d'Orléans klären will, kann ich die Quellen des Jahres 1679 sammeln und zum Beispiel versuchen, die Rolle der Kirche und der Inquisition anhand der Dokumente zu entschlüsseln. Ich kann Analogien herstellen, versuchen, ein hegemoniales System heutiger mit einem hegemonialen System vergangener Tage zu vergleichen. Und je weiter ich voranschreite in meiner Erkundung, umso deutlicher wird, dass ich niemals wissen kann, was ein Zeuge des Autodafés am 22. November eben jenes Jahres auf der Plaza Mayor in Madrid *empfunden* hat. Ich werde niemals wissen, was die Verbrennung von zweiundzwanzig Ketzern anlässlich der Hochzeit eines Monarchen für ihn bedeutete.

Man findet die Darstellung dieses Problems üblicherweise nicht in historischen, sondern in philosophischen Werken, und dort in der Abteilung der Philosophie des Geistes. Das Bewusstsein eines anderen Menschen, eines anderen Tieres, bleibt uns verschlossen. Ich kann niemals wissen, ob meine Begriffe in einem anderen Menschen dieselben Empfindungen auslösen oder ob wir dieselben Begriffe für unterschiedliche Sinneswahrnehmungen verwenden. Man nennt dieses Problem in der Philosophie die Qualia, und es beschreibt die Erkenntnis, dass jedes Bewusstsein letztlich in sich selbst eingeschlossen ist.

Wenn ich einem Menschen begegne, dann kann ich ihn befragen, was er unter einem gewissen Wort versteht, mit dem er ein beliebiges Ereignis beschreibt. Es ist nicht üblich, den Verfasser zu konsultieren, falls man sein Werk nicht versteht, aber da es die Möglichkeit grundsätzlich gibt, geht der Leser davon aus, dass der Korpus der Begriffe dem Korpus der Empfindungen entspricht. Dies liegt hauptsächlich am Umstand, den die deutsche Sprache treffend den »Erfahrungshorizont« nennt und den ich mit meinen Zeitgenossen potenziell teile. Potenziell: nur als Möglichkeit teile, aber alleine die Möglichkeit reicht, um zu behaupten, dass sich Begriffe und Wirklichkeit meiner Mitmenschen in weitgehender Übereinstimmung mit meiner Empfindung befinden, und, falls nicht, man Missverständnisse ausräumen könne. Man muss sich nur darüber austauschen. Aus diesem Austausch entsteht ein wesentlicher Teil der kulturellen Produktion.

Im Falle der Toten ist die Ausräumung dieser Missverständnisse nicht möglich. Wir können die Toten nicht befragen, in welchem Sinne sie ein gewisses Wort verstanden und verwendet haben. Wenn ich einen Text aus dem Jahre 1913 lese, der äußersten zeitlichen Grenze, für die es noch Zeugen gibt, dann gehe ich davon aus, dass die meisten Begriffe meinem heutigen Verständnis entsprechen. Ich lese einen Satz aus dem »Fliegenpapier« von Robert Musil, aber ich erschließe diesen Satz mit der Empfindung eines Menschen des Jahres 2020. Etwas anderes ist unmöglich. Trotzdem gehe ich davon aus, dass die Übereinstimmung zwischen seinem und meinem Empfinden so groß ist, dass ich das, was er sagen wollte, ungefähr verstehen kann. Natürlich stocke ich, wenn ich in seinem Text die Worte »Aeroplane« und »Negeridole« lese.

Mein Stocken führt aber nicht dazu, dass ich glaube, den Text nicht zu verstehen, ich füge diese kleine Unsicherheit bloß auf den unterschiedlichen Sprachgebrauch zurück, nicht auf einen grundsätzlichen Unterschied zwischen seinem, Musils, und meinem Empfinden.

Aber das ist nur eine hilfreiche Unterstellung. Es ist denkbar, dass für Musil jeder einzelne Begriff eine völlig andere Bedeutung besaß und meine Interpretation des Textes ein vollkommenes Missverständnis darstellt. Der Wortschatz kann der gleiche bleiben, die Bedeutung hingegen eine völlig andere sein, und nur die Grammatik würde uns dazu verleiten, das von Musil Gemeinte mit meinem Gemeinten zu verwechseln.

Wir sprechen davon, dass ein Ereignis »weiter« in der Vergangenheit liege als ein anderes. Wir benutzen einen räumlichen Begriff und behelfen uns mit einer Analogie. Die Zeit schafft allerdings keine Distanz. Der Moment von vor fünf Minuten ist nicht »weiter« entfernt als jener von vor fünftausend Jahren: Der eine ist so unzugänglich wie der andere. Der Unterschied besteht alleine in der Zahl der Quellen und der Zeugen, die mit der Zeit abnehmen.

An einer anderen Stelle habe ich versucht, dieses Problem anhand eines einzigen Begriffes anschaulich zu machen, des Wortes συμφιλεῖν nämlich, mit dem die Titelheldin des Stückes »Antigone« des Sophokles ihren Widerstand gegen die Staatsgewalt rechtfertigt. Heute übersetzen wir dieses Wort üblicherweise mit »mitzulieben«, aber Antigones Liebesbegriff wird mit unserem kaum in eine Übereinstimmung zu bringen sein. Und da wir weder Sophokles noch seine Zeitgenossen fragen können, wie er dieses »symphilein« gemeint haben könnte, entstehen Missverständnisse.

Diese Missverständnisse sind manchmal schädlich und manchmal nützlich, wirksam sind sie meistens. Dies beweist das Beispiel Hegels, der in seiner »Phänomenologie des Geistes« Antigone als Zeugin anführt, allerdings mit Worten, die sie niemals gesprochen hat.

6.

Ein Mensch ohne Empfindung hat keinen Begriff von der Wirklichkeit, und er hat auch keinen Begriff von der Wahrheit. Aber die Empfindung allein reicht nicht, gerade der Wahnsinn fühlt sich wirklich und wahr an. Jeder Mensch ist der einzige Zeuge seines Bewusstseins, und da er die Empfindung nicht teilen kann, braucht er das Wissen, um sich über diese Wirklichkeit auszutauschen.

7.

In seinem Aufsatz »Spurensicherung« aus dem Jahre 1979[2] legt der Historiker Carlo Ginzburg unfreiwillig die Achillesferse der Geschichtswissenschaft offen. Er führt die Entstehung der Schrift auf einen historischen Prozess zurück, der aus der Notwendigkeit des Jägers rührt, Tierspuren zu »lesen«. Ginzburg schafft hier eine Analogie zum Wahrsager, der ebenso eine Realität minutiös erkundigt, um andere Ereignisse, die Gegenwart eines Tieres oder die bevorstehende Hungersnot zu entdecken. Und obwohl Ginzburg mit dieser Herleitung nur beabsichtigt, eine alternative Methodenlehre der Geschichtswissenschaft zu etablieren, eben jene, die dann in das mündete, was man heute Mikrohistorie nennt, bezeichnet er in diesem Abschnitt die Qual der Geschichtswissenschaft mit sich selbst: »Aber der grundsätzliche Unterschied ist unseres Erachtens ein anderer: Die Wahrsagung bezog sich auf die Zukunft und das Spurenlesen der Jäger auf die – vielleicht nur sekundenalte – Vergangenheit.«

2   Carlo Ginzburg: Spurensicherung. Der Jäger entziffert die Fährte, Sherlock Holmes nimmt die Lupe, Freud liest Morelli – Die Wissenschaft auf der Suche nach sich selbst [1979]. In: Carlo Ginzburg: Spurensicherung. Die Wissenschaft auf der Suche nach sich selbst. Berlin: Wagenbach, 1995, S. 7-44.

Was Ginzburg hier nicht erwähnt: Ich kann die Zeugen und die Quellen der Vergangenheit so lange und gründlich studieren wie ich will, ich werde dadurch keine Aussage über die Eigenschaft geschichtlicher Ereignisse in der Zukunft treffen können. Es spielt keine Rolle, ob man die Gründe für diese Unmöglichkeit in der Kontingenz oder in der Willensfreiheit sieht. Die Geschichte kann in diesem Sinne nicht als Wissenschaft gelten, wie die Physik oder die Chemie als Wissenschaften betrachtet werden, die beide den Anspruch haben, verlässliche Aussagen über die Art und Weise der unter bestimmten Umständen eintreffenden Ereignisse »in der Zukunft« voraussagen zu können.

Ein Pendel »gehorcht« den Newton'schen Gesetzen, und es wird, so lehrt uns die Physik, ihnen auch morgen und übermorgen gehorchen. Die Sprache unterstellt die Herrschaft eines Gesetzes, das zu entschlüsseln die Aufgabe einer Wissenschaft ist. Welchem Gesetz unterwirft sich die Geschichtswissenschaft?

Die Angst der Historiker wie Carlo Ginzburg, dass unter dem Ansturm des postmodernen Relativismus der begriffliche Kernbestand ihrer Disziplin pulverisiert werden könnte, war berechtigt. In seinem Kampf um Wahrheit und Wirklichkeit, in seiner Abwehr gegen die Anwendung erzähltheoretischer Konzepte auf die Geschichtswissenschaften, wie Hayden White sie in »Metahistory« vorgeschlagen hat, vergaß Ginzburg, dass sich die Postmoderne auch aus einer Ideologiekritik entwickelte. Die totalitären Ideologien des zwanzigsten Jahrhunderts verstanden sich als große Erzählungen, in denen jeder Akteur seinen bestimmten Platz einzunehmen hatte. Die Trümmer und die Leichenberge, die diese Narrationen hinterlassen haben, die Einsicht, dass der Anspruch auf absolute Wahrheit in einer gesellschaftlichen Ordnung zu Mord und Totschlag führt, und der gleichzeitige Versuch, den Anspruch auf die Durchdringung der Wirklichkeit aufrechtzuerhalten, führte in die Dekonstruktion der überkommenen Formen.

Die Postmoderne, ihr Insistieren darauf, dass niemand den Anspruch haben kann, jenseits der Formen zu agieren, ist zum Problem für alle geworden, die erneut nach der Heimat in einer großen Erzählung suchen.

8.

Wir Zeitgenossen sollten weiter sein. Es gibt keinen Grund für ein Reenactment vergangener Schlachten. Die Literaturwissenschaftlerin Muriel Pic hat in einem langen Essay, der in in der Zeitschrift »Incidence« erschien,[3] einen dritten Weg vorgeschlagen, um jenseits des postmodernen Relativismus und der gefährlichen Sehnsucht nach einer integralen und integrierenden Erzählung eine Empfindung für die Wirklichkeit zu entwickeln. Sie schlägt die Philologie vor, die Deutung und Auslegung der Fragmente, um die Vielzahl der zerbrochenen Wirklichkeiten lesbar zu machen. Gewiss würden diese Methoden der Einsicht entsprechen, dass nach dem zwanzigsten Jahrhundert die Wirklichkeiten nur als Scherben gedeutet werden können. Allerdings könnte es sein, dass dieser Vorschlag zu spät kommt. Im Zuge der neurophysiologischen Forschung und im Windschatten des Triumphes der Evolutionstheorie haben jene, die Geschichte nicht nur lesen, sondern schreiben wollen, längst begriffen, dass die menschliche Vorstellungskraft das Kriterium der Wahrheit nicht braucht, um sich ein Bild von der Wirklichkeit zu machen. Nur die Anschaulichkeit, die Plausibilität, oder, um wieder eines der entlarvend schönen Worte der deutschen Sprache zu benutzen, die »Glaubwürdigkeit« entscheidet letzten Endes über die Wirkungsmacht einer Erzählung, und es ist einerlei, ob es eine

3 Muriel Pic: »Lire dans la poussière«. Sur l'actualité de la philologie à partir d'une note en bas de page de Carlo Ginsburg. In: Incidence 15 (2020): Vérité, fiction: faire vrai, dire juste, S. 267-304.

literarische, eine politische oder eben eine historische Erzählung ist. Alleine der Status des Erzählers entscheidet, welchen Wert seine Erzählung hat, ob ich sie als wahr betrachte oder nicht. Gerade deshalb hat sich meine Generation dringend zu fragen, wie sie mit dem Verlust der letzten Zeugen der Shoah umgehen will. Und wir erleben gerade, dass allenthalben versucht wird, die Deutungslücke, die sich durch dieses Verschwinden ergibt, ideologisch zu besetzen. Die Rekapitulation der bisherigen Positionen wird die Tradierung nicht sicherstellen, ebenso wenig die verständlichen, aber nutzlosen Abgrenzungsversuche zwischen Fakt und Fiktion, Literatur und Geschichtswissenschaft. Jede Empfindung für Wahrheit und für Wirklichkeit bedarf nicht zuerst des Wissens, sie bedarf des Vertrauens. Um dieses Vertrauen haben wir uns zu bemühen, die eigene Glaubwürdigkeit sollten wir pflegen, als Individuen und als Institutionen, weder die Offenlegung unserer Mittel noch das Eingeständnis ihrer Beschränktheit dürfen wir scheuen, wir müssen uns selbst in aller Rücksichtslosigkeit kritisieren und dabei auf unsere Redlichkeit bestehen, als Schriftsteller, als Historiker, als Menschen.

Das Ulmensterben

Bevor ich mich einer bestimmten Art der Ascomycota widme, will ich die Aufmerksamkeit kurz einer Sache zuwenden, die mich seit einigen Jahren immer wieder beschäftigt. Sie betrifft eine gewisse literarische Form, die weit verbreitet ist und der ich neulich in einer Kurzgeschichte begegnet bin. Als mir am Ende eines langen und arbeitsreichen Tages nach leichter Zerstreuung war, fiel mein Blick im Bücherregal zufällig auf einen Band, den ich vor zwölf oder mehr Jahren aus der Wühlkiste meiner Buchhandlung gefischt, bisher aber nicht gelesen hatte. Auf drei Dutzend Seiten lernte ich jetzt eine junge Frau kennen, die mit ihrer asthmatischen Schwester in einer namenlosen Provinz lebt. Die Eltern längst tot, die Aussichten auf eine Heirat gering mit täglich abnehmender Tendenz, entkommt sie der Enge ihres Daseins nur durch Theateraufführungen, die sommers in einer nahe gelegenen Stadt gegeben werden. Jedes Jahr besucht die Frau diese Vorstellungen mit glühendem Herzen und lässt die kranke und argwöhnische Schwester derweil einen Sonntagnachmittag alleine.

Nach einer Vorstellung von Shakespeares »As You Like It« und mit dem Kopf noch bei Rosalind und Orlando im Wald von Arden, vergisst unsere Heldin in der Toilette des Theaters ihre Handtasche. Geld, Fahrkarte, Schlüssel: unauffindbar. Tränen, Angst, Verzweiflung; die Heldin nun an jenem Punkt, den man in Hollywood Plot Point nennt.

Auftritt Hund, Rasse Dobermann, er hat sich losgerissen, daher gefolgt von einem Mann. Kurzer Dialog auf den Treppen des Theaters, danach Spaziergang in seinen Laden, in dem der Mann werktags Uhren repariert. Er serviert der jungen

Frau nun ein karges, aber schmackhaftes Mal aus Gulasch und Rotwein, das als frugal zu bezeichnen die Autorin vermeidet. Geplauder über dieses und jenes. Während der Dobermann artig in einer Ecke wartet, stellt sich bald eine Vertrautheit ein. Später am Abend begleitet der Mann sie zum Bahnhof, wo er ihr die Karte für die Rückfahrt kauft. Beim Abschied auf dem Schotter am Ende des Bahnsteigs schenkt er ihr den ersten Kuss ihres Lebens und nimmt ihr das Versprechen ab, nach Ablauf eines Jahres dasselbe grüne Kleid anzuziehen, den gleichen Zug zu besteigen und seinen Laden mit den Uhren aufzusuchen. Was dort geschehen soll, wird nicht gesagt, aber die Aufregung, die das arme Wesen nun die nächsten zwölf Monate auf Trab hält, lässt vermuten, dass die Verheißung nicht in einem weiteren Teller des ungarischen Rindereintopfs besteht.

Man liest mit angehaltenem Atem und will wissen, ob die Heldin ihren Uhrmacher tatsächlich wiederfindet, wie sie es ihrer hilflosen und asthmatischen Schwester beibringen und welcher Art das Unglück sein wird, das unweigerlich zuschlagen muss. Glücklich enden diese Geschichten nie. Die Erzählung übrigens ist äußerst geschickt und sorgfältig gebaut, und so sehr ich die Autorin für ihre Handwerkskunst bewundere, scheint mir diese Erzählung ein prototypisches Beispiel für einige der grundlegenden und potenziell tödlichen Gefahren der zeitgenössischen Literatur zu sein, die, wenn sie sich nicht von diesem stilistischen Efeu befreit, daran ersticken wird.

Damit man mich richtig versteht: Es liegt nicht an dieser spezifischen Geschichte. Sie steht nur als Exempel. Man findet dieselbe Manier bei allen Erzählungen dieser Autorin, die übrigens mit einigen hohen, ja den höchsten Ehrungen ausgezeichnet wurde. Das Problem beschränkt sich gleichfalls nicht auf diese Autorin. Wäre dies der Fall, würde ich keine Zeit damit verlieren, denn es müsste genügend Auswahl geben, um auch für meinen Geschmack das Passende zu finden. Nein, dieses Genre und seine Konventionen haben mittlerweile eine horizontale, vertikale und folglich hegemoniale Verbreitung gefunden. Nur deshalb nehme ich mir Zeit und Mühe, um in aller Kürze und bevor ich auf das eigentliche Thema komme, das Problem in seinen Grundzügen darzulegen.

Zuerst: Diese Literatur überlässt der Psychologie das alleinige Primat. Die sozialen, ökonomischen, politischen Bedingungen der handelnden Figuren werden höchstens nebenbei erwähnt und im Ungefähren belassen. Die erzählerische Anstrengung gilt dem Versuch, die Grenze des Mentalen zu überschreiten und das Problem der Qualia für einen Augenblick aufzuheben. Bekanntlich weiß niemand, wie es ist, ein anderes als das eigene Bewusstsein zu besitzen, und jeder Versuch, diese erkenntnistheoretische Grenze zu überwinden, gehört in den Bereich des Fantastischen, eine Eigenschaft, die deshalb wesensmäßig zu dieser Art von Literatur gehört.

So führt sie in der Regel eine beliebige Person ein und beginnt, diese so lange ihrer gesellschaftlichen Hüllen zu entkleiden, bis sie nackt vor uns steht. Und wie weiland die Leichen im anatomischen Theater, so liegen alsbald diese Heldinnen vor uns, und wie der Präparator dort die Muskeln, Gewebe und Nerven, geht die Erzählerin hier nun daran, die Wünsche, Begierden, Gedanken und Affekte dieser Heldin freizulegen. Die Erzählerin besitzt zu diesem Zwecke ein literarisches Seziermesser, mit dem sie jede Schutzschicht wie etwa Selbsttäuschung, Lebenslügen und falsches Gerede beiseiteschafft – und sie verfügt darüber hinaus über einen fantastischen Röntgenapparat, der das unsichtbare Geschehen aufzeichnet und ins Bild rückt. So wandelt diese arme Heldin nach wenigen Seiten seziert und bis auf die Knochen entblößt durch ihre provinzielle Existenz. Den Augen der fiktiven Figuren bleiben diese Vivisektionen hingegen verborgen. So heißt es etwa in jener Erzählung über unsere Heldin: »Die Mühe, die sie darauf verwendet hat, es geheim zu halten, war vielleicht gar nicht erforderlich, angesichts der Meinung, die die Leute sich von ihr gebildet haben – die Leute, die sie jetzt kennt, irren sich darin genauso gründlich wie die Leute, die sie vor langer Zeit kannte.«

Man braucht hier nicht zu wissen, was diese Person geheimhalten will oder muss, und es ist ebenfalls einerlei, worin die Leute irren: Entscheidend ist die deutliche und unüberbrückbare Trennung zwischen dem Wissen der Leserin und jenem der Figuren. Nur wir Leser erkennen sie als zerfledderten Rest einer pathologischen Untersuchung. Alle anderen, ob Protagonist oder Antagonist, haben davon keine Ahnung und behandeln sie auch weiterhin wie eine der ihren.

Natürlich findet diese Behauptung keine Grundlage in der Wirklichkeit. So wie in Schauergeschichten Vampire empfindlich gegen Sonnenlicht sind und in der Science-Fiction Raumschiffe schneller als das Licht reisen, handelt es sich um eine Konvention des Genres. Während sich dort der Leser niemals fragt, ob diese Behauptung in den Bereich der Wirklichkeit oder der Hirngespinste gehört, behauptet dieses Genre einen Realismus, eine dokumentarische Haltung. Niemals bringt diese Literatur ihre eigene Fantastik zum Bewusstsein. Hier wird nichts erschaffen und nichts konstruiert, hier wird bezeugt, und deshalb unternimmt diese Belletristik alles, um den Anschein der Natürlichkeit zu bewahren und ihre Künstlichkeit zu verbergen. Sie kaschiert jede Nahtstelle und hängt die Mechanik ab. Ihre Instrumente, Retuschierpinsel und Concealer, versteckt sie schamhaft, und obwohl gerade in der Fabriziertheit ihre Kraft liegen würde, fürchtet sich diese Erzählform vor der eigenen Puppenhaftigkeit und es bleibt die Frage, was der Grund für diese Angst ist.

Weil ich die Sache nicht unnötig verlängern und endlich zu Ophiostoma novo-ulmi und dem Ulmensterben wechseln will, darf ich summarisch auf jene Erzähltheoretiker verweisen, die bereits vor langer Zeit definierten, dass nur jemand zum Helden werden kann, der mit aller Kraft ein bestimmtes Ziel verfolgt, er muss nach etwas streben, das er vorderhand nicht in die Hände bekommt. Die zur Frage stehende Literatur weiß noch davon, aber es gibt für ihre Heldinnen kein Abenteuer mehr. Die Gesellschaft, in der sie leben, hat dies nicht vorgesehen, im Gegenteil, ihre Absicht besteht gerade darin, durch den Fortschritt alle Fährnisse von ihren Bürgern fernzuhalten. Und weil es keine Gefahr gibt, fehlt ebenso die Entscheidung zwischen Erlösung und Untergang. Alles was den Heldinnen bleibt, ist ein langsames Absterben. Es gibt keinen Konflikt mehr, und weil das nicht hinzunehmen ist, weil es nämlich die Bedeutungslosigkeit der Heldin und gleichzeitig der Erzählung beweisen würde, wird behauptet, dass sich der Konflikt in die Innenwelt der Figuren verlagert habe und es nun unter den interessierten Blicken einer zugewandten Leserschaft die erste Aufgabe der Erzählerin sei, ihn von dort zu befreien und ans Tageslicht zu befördern. Allerdings bleibt auch dies, da es ja ein Vorgang ist, der nur für die Lesenden sichtbar ist, für die Dramaturgie weiterhin wirkungslos. Die Lösung für dieses narrative Dilemma liegt in einer Epiphanie, in der Erscheinung des Göttlichen, des Transzendenten. So bricht früher oder später unweigerlich die Metaphysik in eine Existenz, in der es dafür weder Form noch Sprache gibt. In der nämlichen Erzählung besteht dieser Einbruch darin, dass der Mann nach dem verstrichenen Jahr unsere Frau, die pünktlich in einem zwar anderen, aber immerhin grünen Kleid in seinem Laden erscheint, wortlos ins Gesicht schlägt. Zerstört kehrt die Frau zu ihrer kranken Schwester zurück, die irgendwann stirbt, sie bleibt trotzdem unverheiratet, hat hier und da eine Affäre, aber leidet ihr Leben lang an dieser Kränkung. Schließlich erfährt sie durch Zufall, dass jener Mann, der sie geschlagen hat, überhaupt nicht der übrigens längst verstorbene Uhrmacher, sondern sein taubstummer und eineiiger Zwilling war und sie also, so die Schlussfolgerung des gebildeten Lesers, ihr Leben ebenfalls im Wald von Arden verbracht hatte, ohne jemals den Weg nach draußen zu finden. Und so ist der Fluchtpunkt aller perspektivischen Hilfslinien dieser zur reinen Manier, zum toten Stil herabgesunkenen Literatur, jenes Gefühl, das uns am Ende der Lektüre mit jenem typischen Kloß im Hals zurücklässt und das darüber hinaus die bürgerliche Gesellschaft grundiert, die unstillbare Sehnsucht nämlich.

Gemeinsam mit ihren dargestellten Figuren ersehnt diese Literatur die Erfahrung und das Leben, und weil es niemals geschieht, weil überhaupt nichts geschieht, spricht, wer diese Art von Literatur verteidigt, gerne über »Atmosphäre«, flüchtet sich in »die Stimmung«, in »das, was ungesagt bleibt«. Sie verzichtet auf eine historische Situation, arbeitet jedoch exzessiv mit dem Kolorit einer Epoche. So wird in dieser Erzählung ganz zu Beginn eine gewisse Jacqueline Kennedy erwähnt, besser gesagt ihre Frisur, die unsere Heldin nachahmt. Wer diese Person ist, wird nicht erklärt. Die Autorin geht stillschweigend von einem gemeinsamen kulturellen Hintergrund aus, der durch die Erwähnung eines toupierten Schopfs eine Kaskade von stereotypen Bildern auslöst: bestimmte Automobile, eine besondere Art von Musik, eine Kulisse, in der wir eine gewisse Zeit erkennen sollen, ohne länger darüber nachzudenken. Es handelt sich hier um eine weitere Andeutung, die ihre spezifische Funktion zu spielen hat.

Diese Erzählung ist zum ersten Mal im Jahre 2004 erschienen, das heißt, kurz nach den Anschlägen vom 11. September 2001, in einer Zeit, die von großer Verunsicherung geprägt war. Niemand wusste, in welche Richtung sich die gesellschaftliche Entwicklung bewegen würde. Die fünfziger und frühen sechziger Jahre des zwanzigsten Jahrhunderts, jene Epoche, da die gesellschaftliche Revolution von 1968 die

Übersichtlichkeit und die Grenzen zwischen den gesellschaft-
lichen Gruppen noch nicht eingerissen hatte, waren zu einer
Zeit geworden, die ein Mensch jener Tage mit nostalgischen
Gefühlen betrachtete. Es geht nicht um die Analyse einer
Epoche, es geht um das Gefühl der Sehnsucht, und ihre bel-
letristische Produktion folgt den Gesetzen eines bestimmten
Marktes.

Ein literarischer Text im Spätkapitalismus muss, ganz im Ein-
klang mit den Forderungen an irgendeine andere Ware, viel
versprechen und wenig halten. Es ist sein Fetischcharakter, der
ihm seinen Wert gibt. Der Fetisch steht für das Abwesende,
das nicht Verfügbare. Der literarische Text darf nicht vollständig verstanden werden. Das Erzählen flüchtet sich deswegen
in die Allegorie, in das andere Bild, in die Andeutung, den
Verweis, damit wir dort als Leser ein Geheimnis vermuten,
das niemals zur Sprache kommen kann und das wir ersehnen.
An nichts leidet der bürgerliche Mensch so sehr wie an der
Entzauberung seiner Existenz. Diese erzählerische Tendenz,
diese Flucht vor der Klarheit und der Verständlichkeit findet vorderhand keine Korrektur, im Gegenteil, es scheint so
etwas wie eine Eskalation zu geben. Je eindeutiger die Trivial-
literatur wird, je mehr sie sich den absoluten Kategorien von
Thriller und Porno angleicht, desto mehr flieht die sogenannte
Belletristik ins Ungefähre. Das ist der Platz, der dieser Literatur geblieben ist, die Funktion, die sie zu erfüllen hat, und es
scheint gut möglich zu sein, dass in nicht allzu ferner Zukunft
die Leserinnen und Leser die Literatur des ausgehenden zwanzigsten und beginnenden einundzwanzigsten Jahrhunderts als
grotesk empfinden werden, nicht wegen der Überzeichnung,
sondern wegen exzessiver Langeweile.

Aber genug davon, nun endlich zu Scolytus scolytus und seinem Reifefraß, der am Anfang dieser Tragödie steht.

Alle lachen, niemand weiß, worüber
Zu Anton Tschechows »Der Kirschgarten«

Am 30. Januar 1904, einem Samstag, zeigte das Moskauer Künstlertheater in der Kamergersky Gasse zum ersten Mal das Stück »Der Kirschgarten« von Anton Pawlowitsch Tschechow, der am Tag zuvor vierundvierzig Jahre alt wurde und am Ende der Vorstellung die Ovationen des Publikums entgegennahm. Der Schriftsteller war dem Tode nahe und ein Ebenbild jener Karikatur, die ein Kritiker mit der Bemerkung, er sehe aus wie ein wandelnder Leichenwagen, von ihm gezeichnet hatte. Kein halbes Jahr später sollte Tschechow der Tuberkulose erliegen, in Badenweiler, einem Kurort im Schwarzwald, wohin er Ende Mai mit seiner Frau gereist war, geschwächt und entgegen dem Rat seiner Freunde und Ärzte. Wahrscheinlich wollte der Dichter einfach aus Moskau verschwinden, um seiner nächsten Umgebung das schreckliche Schauspiel seines Sterbens zu ersparen.

Es war aber nicht nur seine Krankheit, die Tschechow am Premierenabend behelligte und ihm die Feierlaune verdarb, es lag auch an der Inszenierung, die in keiner Weise seinen Vorstellungen entsprach. Dabei war das Künstlertheater unter der Führung von Konstantin Sergejewitsch Stanislawski und Wladimir Iwanowitsch Nemirowitsch-Dantschenko die führende Bühne Russlands, vielleicht das erste Theater Europas. Stanislawski, der in »Der Kirschgarten« schließlich die Rolle des Gajew spielen sollte, besaß einen grenzenlosen künstlerischen Ehrgeiz und wollte dem grassierenden Dilettantismus den Garaus machen.

Aber das hatte Tschechow nicht beruhigt. Den Herbst und Winter hindurch versuchte er von der Krim aus, wo er in Jalta ein Haus besaß, Einfluss auf die Besetzung und die Konzeption zu nehmen. Unablässig schrieb er Briefe an Nemirowitsch-Dantschenko, an Stanislawski und an seine Ehefrau Olga Leonardowna Knipper, die für die Hauptrolle der Ranjewskaja vorgesehen war. Im Oktober hatte der Dramatiker nach großen Mühen endlich die letzte Fassung ans Künstlertheater geschickt – aber auch jetzt entstanden täglich Probleme und Missverständnisse, die er ausräumen musste. In Moskau hegten sie völlig verquere Besetzungsideen. So wollte Nemirowitsch-Dantschenko die Rolle der Anja einer gewissen Maria Fëdorowna geben, obwohl diese dafür zu alt sei und gewiss die ganze Zeit nur heulen würde, obwohl diese Anja im ganzen Stück niemals weine und nur im zweiten Akt Tränen in den Augen habe – und nein, der dritte Akt spiele gewiss nicht in einem Hotel, auch wenn dieser grässliche Kritiker Nikolai Jefimowitsch Efros ebendies in seiner Zeitung behaupte. Und er, Tschechow, werde gewiss nicht weiter insistieren, um herauszufinden, auf welche Weise und durch wessen Hände diese Person an den Stücktext gelangt sei, und falls er in dieser Angelegenheit in früheren Briefen Unschuldige verdächtigt habe, so möge man ihm dies nachsehen. Ferner habe er vernommen, dass Stanislawski allen Ernstes daran denke, einen ganzen Zug über die Bühne fahren zu lassen, was nur dann hinzunehmen sei, wenn dies vollkommen ohne Geräusche geschehe. Frösche im Hintergrund? Dazu Wachtelkönige? Ausgeschlossen! Beides passe nicht zur Jahreszeit.

Wie viele seiner geringeren Kollegen in einer ähnlichen Situation versuchte auch einer der größten Dramatiker seine Vorstellungen des eigenen Stückes durchzusetzen, argumentierte und intrigierte – und fand sich trotz allem bald einem Missverständnis gegenüber, das seine Stücke bis auf den heutigen Tag begleitet. Niemand erkannte in seinem Stück jene Komödie,

die er hatte schreiben wollen, und noch drei Monate nach der Premiere, am 10. April, stellt er in einem Brief an Frau Olga die Frage, warum auf den Plakaten und Zeitungsannoncen das Stück beständig »Drama« genannt werde. Man spürt die Verbitterung, die Resignation, überhaupt den Ärger mit dem Theater, der Tschechow auch in den letzten Monaten seines Lebens nicht verlassen sollte, und tatsächlich verfolgten ihn die Querelen um die Publikation seines Stückes bis auf das Totenbett im Schwarzwald.

Jeder Text, egal welcher Art, ob prosaisch oder dramatisch, ob literarisch oder pragmatisch, transportiert im selben Augenblick einen Sinn und einen Unsinn. Text entbehrt der Mimik, der Gestik, all der nonverbalen Mittel, mit denen wir unsere Sprache verständlich machen wollen. Die Begriffe erklären nichts endgültig, sie öffnen bloß einen Bedeutungskorridor. Jeder, der schon einmal einem Theater sein Stück zur Inszenierung überlassen hat, kann davon berichten, auf wie viele unterschiedliche und oft widersprüchliche Arten ein Satz gesprochen werden kann – einmal als Drohung oder als Trost, ernst oder ironisch, gleichzeitig als Frage oder als Antwort. Und es ist ziemlich wahrscheinlich, dass ein Schauspieler genau jene Variante wählen wird, die der Dramatiker für sich selbst ausgeschlossen hat.

Dass Tschechow das Stück als Farce oder als Groteske las, dafür sprechen auch die merkwürdigen bis absurden Angaben zur Tageszeit. »Der Morgen dämmert, bald wird die Sonne aufgehen. Es ist schon Mai, die Kirschbäume blühen ...«[1] So wird im ersten Akt die Zeit eingeführt, und Dunjascha, die Dienerin, präzisiert in ihrer allerersten Replik: »Bald zwei. *Sie löscht die Kerze.* Es ist schon hell.«

Das ist schlechterdings unmöglich, wenigstens für diesen

---

[1] Anton Tschechow: Der Kirschgarten. Übersetzt von Hans Walter Poll. Stuttgart: Reclam, 1984, 7.

Teil der Welt, die Ukraine in der Nähe der Stadt Charkow, denn im Mai geht dort die Sonne nicht vor fünf Uhr dreißig auf. Was soll das also? Hat sich Tschechow nicht jede Unklarheit stets verbeten? Wie hat er sich gegenüber Tichonow geäußert: Das Allerwichtigste in der Literatur sei Einfachheit – und deshalb sei es unmöglich zu schreiben, das Meer lache. Und wer dabei stocke und das gut, weil eben künstlerisch und unverständlich finde, dem sei gesagt, dass das Meer rausche, ans Ufer schlage, glitzere, ja, aber niemals lache.

Möglich ist auch, dass sich Tschechow mit dieser Zeitangabe geirrt hat. Auch ihm passiert das, mehr als einmal. Oder es war ihm einfach egal, oder es ging ihm um etwas anderes, nicht-theatrales. Viele seiner Regieanweisungen sind für das Publikum unsichtbar. So heißt es etwa zu Beginn des zweiten Aktes: »In der Ferne eine Reihe Telegrafenmasten, und weit, weit hinten am Horizont zeichnet sich undeutlich eine große Stadt ab, die nur bei sehr schönem, klarem Wetter zu sehen ist.« Nun hat das Künstlertheater in Moskau eine erhöhte Bühne, es ist unmöglich, vom Saal aus einen Horizont zu erkennen. Es ist nicht von der Hand zu weisen, dass viele von Tschechows Regieanweisungen nicht umsetzbar sind und der Autor dafür kein Bewusstsein besaß. So soll in diesem Stück zwei Mal ein Laut zu hören sein, der »ferne, gleichsam vom Himmel kommt, ein Laut wie der traurige, ersterbende Klang einer gesprungenen Saite«. Auf dem Papier ist das eine wunderbare Anweisung, weil sie augenblicklich die Koordinaten definiert, die Dimensionen des inneren, unsichtbaren Empfindens der Figuren. Im Theater ist diese Regieanweisung kaum umzusetzen, das weiß jeder Praktiker. Geräusche, gerade jene, die aus der Tiefe des Bühnenraums kommen, klingen in der Regel einfach wie Lärm, ihre Natur ist augenblicklich auszumachen. Der Zuschauer erkennt auf der Stelle die Quelle, die Harfe, das Blech, die Kiste oder was auch immer, und wenn sich Tschechow gegenüber Olga noch im März über die Kleinheit des Künstlertheaters mokiert, mit einer Lappalie, mit einem Ton nicht zurande zu kommen, obwohl im Stück so klar davon die Rede sei, dann muss man zugeben, dass einer der größten Dramatiker der Weltliteratur das Theater und sein eigenes Stück nicht verstanden hat.

Die Blindheit dem eigenen Text gegenüber ist eine bekannte Tatsache, aber bei Tschechow ist sie doppelt ironisch. Denn genau wie sein Schöpfer werden seine Figuren von einem grundsätzlichen und existenziellen Missverständnis getrieben. Immer ist alles anders gemeint, und wenn sich zwei einmal finden, ob in der Liebe, in einem Gedanken oder in der Arbeit, dann ist es nicht ihrer Anstrengung, sondern dem Zufall geschuldet.

Wie seinen Figuren in ihrer fiktiven, so ging es auch dem Autor in der realen Welt. Er schrieb seine Stücke und seine Kurzgeschichten, und die Menschen bewunderten, liebten und mochten sie. Gerade die Inszenierung am Künstlertheater war ein unbeschreiblicher Triumph und erlebte siebenhundertsiebenundfünfzig Vorstellungen. Und doch fußte dieser Erfolg auf einem kolossalen Missverständnis. Tschechow begriff »Der Kirschgarten« als Komödie. Wer das anders sehe, unter anderem der Regisseur Nemirowitsch-Dantschenko, so schreibt er nach der Premiere an seine Olga, habe einfach das Stück kein einziges Mal aufmerksam gelesen.

In den über hundert Jahren seit der Uraufführung haben Menschen auf der ganzen Welt dieses Stück studiert, aufgeführt, gespielt, wissenschaftlichen Untersuchungen unterzogen, und doch bleibt eine Frage mehr oder weniger ungeklärt, wo sich Tschechow in seiner Komödie das Gelächter vorgestellt hat. Humor hatte Anton Pawlowitsch, so viel ist sicher. Davon zeugt Iwan Bunin, sein Freund, Schriftsteller-Kollege und späterer Nobelpreisträger. Witze, absurde Spitznamen, Lügengeschichten – in seinen letzten Jahren sei Tschechow darin unermüdlich gewesen. Und dann berichtet Bunin eine interessante Beobachtung: Tschechow habe das Lachen geliebt, aber sein schönes, ansteckendes Lachen habe er nur gelacht, wenn jemand anderes etwas Lustiges erzählt habe. Er selbst, so Bunin, sagte die komischsten Sachen ohne das geringste Lächeln.

Ohne das geringste Lächeln? Eine Komödie ohne Lachen? Was sollte das für einen Sinn ergeben? Vielleicht dachte Tschechow nicht ans Gelächter oder jedenfalls nicht an das Gelächter des Publikums. Aber das stellt sich die Frage, wer da über wen lacht, und wovon dieses Stück »Der Kirschgarten« handelt und was daran komisch sein könnte.

Vordergründig ist die Handlung schnell erzählt. Ljubow Andrejewna Ranjewskaja kehrt nach fünf Jahren im Ausland auf ihr Landgut zurück. Sie ist bankrott. Ihr Anwesen muss verkauft werden. Jermolaj Alexejewitsch Lopachin, ihr ehemaliger Leibeigener und nun zu Reichtum gekommener Kaufmann, ersteigert das Haus und den Kirschgarten, worauf die Ranjewskaja mitsamt Gefolge wieder abreist. Zwischen diesen Ereignissen geschieht wenig bis nichts. Heiratspläne werden geschmiedet, es wird getanzt und jongliert, und obwohl der drohende Verlust betrauert wird, unternimmt niemand das Geringste, um das Haus und den Kirschgarten vor dem Verkauf zu retten. Zuletzt hört man nur, wie die Bäume gefällt werden.

Man hat »Der Kirschgarten« oft als Metapher für die menschliche Natur oder als Ausdruck für den Niedergang einer aristokratischen Gesellschaft verstanden, die nach der Befreiung der Bauern und der Abschaffung der Leibeigenschaft nicht nur materiell, sondern auch geistig verarmte. Die tüchtigen, ehrgeizigen Lopachins übernahmen das Zepter nur für kurze Zeit. Im Jahr nach der Uraufführung sollte in Russland die erste von drei Revolutionen ausbrechen, die mit dem zaristischen

Regime endgültig Schluss machten. Was soll komisch sein? Und doch endet dieses Stück tatsächlich mit einer bösen, einer grausamen Pointe. Die Pointe, das ist die Spitze, sie sticht, aber das Opfer ist keine der Figuren, nein, der Dramatiker lacht über uns, die Zuschauer.

Während vier Akten haben wir darauf gehofft, jemand möge sich gegen das drohende Schicksal auflehnen. Wir haben Lopachins Verzweiflung geteilt und gesehen, wie alle vor dem Niedergang die Augen verschließen. Wir wünschten es der Ranjewskaja, dass sie ihr Landgut behalten könnte. Der Dramatiker hat uns auf den Leim geführt, denn tatsächlich sind zum Schluss die Figuren froh, die Erinnerungen zurücklassen und endlich von diesem grässlichen Landgut mit den Kirschbäumen abhauen zu können, weg, fort, in ein neues Leben. Die einen reisen nach Paris, die anderen gehen ihren Geschäften nach, eine Person wird eine neue Stelle antreten – für alle geht das Leben weiter, jeder hat einen Ausweg aus der moribunden Existenz gefunden. Fast alle. Zum Schluss werden, wie es in einer der letzten Regieanweisungen heißt, die Türen geschlossen. Die Bühne sei leer, so schreibt Tschechow, als ganz zuletzt der alte Diener Firs, den man vergessen hat, zu seinem letzten Auftritt erscheint.

In einem Brief an Stanislawski, lange vor der Fertigstellung des Stückes, schrieb Tschechow, der Schauspieler Wischnewski werde viel und laut lachen – und natürlich werde niemand wissen, worüber. Wenn sich jemand im Publikum also fragen sollte, über wen sich Anton Tschechow in »Der Kirschgarten« lustig macht, der braucht sich nur zu vergegenwärtigen, wer zuletzt in diesem verfallenen und überlebten Landgut sitzen geblieben ist, eingeschlossen in der Sehnsuchtsfalle, wer da genau einem alten Diener beim Sterben zusieht, unfähig, sich aus den nostalgischen Anwandlungen zu befreien und die Kirschbäume zu retten, die uns, und nur uns, so am Herzen liegen, und die jetzt, so hören wir es, bereits gefällt werden, während anderswo, ohne uns, das andere, das neue Leben beginnt.

Die Leere
Zu einigen Bildern von Shirana Shahbazi

Falls man einem Blinden das Bild mit dem Titel (Vögel-09-2009) von Shirana Shahbazi beschreiben möchte, könnte man behaupten, es zeige einen Vogel im Flug, und zwar von hinten. Die Schwingen und die Schwanzfedern seien aufgefächert, und der Körper des Tieres sei in einer S-Form gebogen. Man könnte anführen, der Blickpunkt des Betrachters liege zentral in der Mitte des Rückens, eine für die Vogelbetrachtung ungewöhnliche Position. Man hat selten oder nie Gelegenheit zu dieser Perspektive. Ferner könnte man von der Distanz sprechen – das Tier liege in Griffnähe, man könnte, würde man die Hand in das Bild strecken, die Federn packen, was dem Vogel gewiss nicht gefallen würde, denn augenscheinlich bewältigt er gerade ein kompliziertes Manöver. Er scheint sich in Acht nehmen zu müssen vor etwas, auf das er zufliegt und uns, den Betrachtern, verborgen bleibt, weil es erstens direkt hinter dem Vogel liegt und zweitens vom Schwarz verschluckt wird, das den Bildhintergrund ausfüllt.

Dieses monochrome Schwarz, in das er hineinsegelt, gibt dem Vogel etwas Präpariertes, als habe man ihn ausgebreitet, um seine Anatomie zu studieren. Und man könnte sich, diesen Gedanken weiterspinnend, zur Aussage versteigen, dass dieses Bild, obwohl es eine Momentaufnahme sei und einen bewegten Augenblick zeige, eine Ahnung des Todes verbreite und man sich vorstellen könne, der Vogel fürchte sich vor dieser Schwärze, in die er da gerade hineinsegelt, in jenes metaphorische Vergessen, das sich vor ihm auftut.

Man könnte weiter behaupten, dieser Vogel erinnere durch seine Form und die Zeichnung an einen Eichelhäher, jener

Vogel, den man bis vor wenigen Jahrzehnten rücksichtslos bejagt und beinahe ausgerottet hat und der heute in unseren Wäldern nach zahlreichen Schutzkampagnen wieder häufig anzutreffen ist. Sein Ruf mag einem bisweilen auf einem Spaziergang erschrecken, aber wenn man den Eichelhäher schließlich entdeckt hat, so ist man gleich wieder beruhigt, denn sein Flugverhalten ist zu ungeschickt, als dass sich jemand von ihm bedroht fühlen könnte.

Ein schlechter Flieger, ja, aber der Vater unserer Wälder, so heißt es, weil er nämlich fleißig Eicheln und Bucheckern versteckt, aber die Hälfte dieser Vorräte später nicht mehr wiederfindet. Aus diesen Hähersaaten wachsen neue Bäume. Durch das Vergessen und den Hunger verjüngt sich der Wald, sie sind die Grundlage für die folgenden Generationen, der Eichelhäher säht, was er niemals wird ernten können und was erst seine weit entfernten Nachkommen in sechzig, siebzig, in zweihundert Jahren fressen werden, wenn die Eichen und Buchen ausgewachsen sind und selbst wieder Früchte tragen. Falls die Natur so etwas wie Dankbarkeit kennen würde, sie würde diesem Vogel ein Denkmal errichten, doch wenn man will, kann man jeden Baum, den ganzen Wald als Monument zu Ehren dieses Tieres begreifen.

Abgesehen davon, ob man die Vogelart sicher bestimmen kann oder nicht: Eine solche Beschreibung würde nicht davon handeln, was auf dem Bild zu sehen ist. Sie würde vielmehr in Begriffe fassen, was der Betrachter zu wissen glaubt: Dass es nämlich eine äußere Wirklichkeit gibt, in der es so etwas wie Vögel gibt, gefiederte Tiere, die man untereinander unterscheidet und von denen man gewisse eben als Eichelhäher bezeichnet. Man würde voraussetzen, dass auch der blinde Mensch, also jemand, der nie einen Vogel gesehen hat, eine Ahnung besitzt, was mit diesem Begriff gemeint ist, weil er das Tier vielleicht hat singen hören, weil er sein Gefieder berührt

41

hat, eine Beziehung zu seiner Erscheinung hat, zu seinem Phänomen, das auf diesem Bild eine visuelle Darstellung findet. Man würde nicht das Bild, sondern die gemeinsame Erfahrung erzählen.

Was das mit den Bildern von Shirana Shahbazi zu tun hat? Sehr viel, weil jeder, der sie betrachtet, das Gefühl nicht los wird, selbst blind zu sein.

Denn wer genau sein und beschreiben möchte, was auf diesem Bild tatsächlich zu erkennen ist, der dürfte nicht über einen Vogel reden. Statt der Begriffe »Flügel« oder »Federn« müsste er von verschiedenen Flächen sprechen. Der weißen, die das Papier bildet, der schwarzen, die das Bild markiert, den anderen Flächen, die jene auf eine bestimmte Weise durchbrechen, eine Weise, die dazu führt, dass ein sehender Mensch glaubt, darin einen Vogel oder sogar einen Eichelhäher zu erkennen, etwas, was auf diesem Bild, streng genommen, überhaupt nicht zu sehen ist. Nur Licht und Nicht-Licht ist da, das Schwarz, Grau und Weiß in einer bestimmten Anordnung.

In seinen »Bemerkungen über die Farbe« schreibt der Philosoph Ludwig Wittgenstein: »Wenn Menschen gewöhnt wären, immer nur grüne Quadrate und rote Kreise zu sehen, so könnten sie einen grünen Kreis mit Misstrauen wie eine Missgeburt betrachten und z.B. sogar sagen, es sei eigentlich ein Rotkreis, habe aber etwas von einem ...«.[1]

Der Satz bricht an jener Stelle unvermittelt ab, Wittgenstein verschweigt, womit jene Menschen diesen Rotkreis vergleichen würden. Der Philosoph verweist auf die Fragwürdigkeit der Begriffe, mit denen wir die Farben bezeichnen. Denn wovon wir keine Erfahrung haben, das können wir uns nicht vorstellen, auch wenn es einen Begriff geben mag, der nicht

---

1 Ludwig Wittgenstein: Werkausgabe Band 8: Bemerkungen über die Farben. Frankfurt: Suhrkamp, 1984, S. 72.

gegen die sprachliche Konvention verstößt. So können wir uns weder ein bläuliches Orange und auch kein rötliches Grün vorstellen. Wir zwingen die Erfahrung in Begriffe – und auch das Umgekehrte ist der Fall: Die Begriffe verweisen auf eine Erfahrung.

Wenn wir die Darstellung des Bildes (Vögel-09-2009) als »Vogel« bezeichnen, beschreiben wir nicht das, was wir sehen. Wir beschreiben vielmehr etwas, das wir bereits gesehen haben. Wir vergleichen dieses Bild mit einem anderen Bild, und es ist dieser Vergleich, den wir in die Begriffe zu fassen versuchen. Man kann sagen, dass der Sehende so wenig sieht wie der Blinde. Statt zu sehen, vergleicht er, und er vergleicht mit den Dingen, die er oder ein anderer gesehen und in einen Begriff gepackt haben. Und deshalb wird jeder Mensch, da er nicht nur eine kulturelle, sondern auch eine individuelle Erfahrung besitzt, in diesem Bild etwas anderes erkennen.

So legt meine Erfahrung etwa einen Waldweg in das Bild (Sango-04-2003), einen Waldweg, dessen Breite fast den ganzen unteren Bildrand einnimmt und sich gegen hinten verjüngt. Ich weiß, dass meine Begriffe unzutreffend sind: Es gibt weder einen Waldweg noch einen Hintergrund, was in der Entfernung zu sein scheint, befindet sich tatsächlich bloß weiter oben, in einer Fläche, und wo ich Tiefe zu sehen glaube, ist nichts als eine plane Anordnung verschiedener Farbflecken. Meine Erfahrung täuscht mir nicht vorhandene Wirklichkeiten vor, und da ich einmal an einem Ort stand, der jenem, den ich auf diesem Bild zu sehen glaube und den ich damals mit Waldweg bezeichnete, ähnlich sieht, so bezeichne ich das Dargestellte als »Waldweg«.

Und man mag bei diesen Sprachspielen verweilen und darauf stoßen, wie ausgeliefert man den ungenauen Begriffen ist, aber wer weitergehen will, wird über die Deutlichkeit erstaunt sein, mit der uns bei der Betrachtung dieses wie eines jeden Bildes eine bestimmte Empfindung packt. Ich werde in eine konkrete Sensation geführt, die ihren Katalysator in diesem Bild findet, aber weiter nichts mit ihm zu tun hat, eine Empfindung, von der ich im ersten Augenblick nicht sagen kann, ob sie mit einer Erinnerung, einem Traum oder der Imagination in Verbindung steht. Gewiss stand ich schon einmal auf einem Waldweg, ja, aber es ist nicht die übliche Waldweg-Empfindung, die mich jetzt angreift. Im Gegenteil: Bei der Betrachtung dieses Bildes werde ich auf das Meer hinausgetragen, jedenfalls ahne ich Wasser und Meer, Wind und einen Flug über die Dünung – und mehr noch: Ich werde an einen Ort geführt, der in einem gewissen Sinn das Gegenteil des Ozeans bezeichnet, nämlich in ein Schulzimmer. Und zu diesem Schulzimmer gehört ein Wort, und dieses Wort heißt »süß«.

Ich kann das Zuckerstück auf meiner Zunge fühlen, aber es wäre absurd zu behaupten, dass dieses Bild ein Zuckerstück zeigt. Woher also die Empfindung? Die Suche danach führt mich zu einer bestimmten Farbe, oder besser gesagt, dem Fehlen einer Farbe, noch genauer: Am Ursprung meiner Empfindung steht das Weiß im Grün des Laubes, das in einigen Sträuchern, besonders in jenen im rechten Vordergrund, zu erkennen ist. Es gibt dafür ein Wort: schimmern. Das Laub schimmert weißlich.

Diese Wendung habe ich von einem Dichter gelernt, von Gottfried Keller, ich kenne sie aus seinem Gedicht »Waldlied«. Keller beschreibt darin in neun Strophen einen Sturm, der in einen Eichenwald fährt. Zuerst fängt in der leichten Brise ein junges Bäumchen an sich zu wiegen, dann schwillt das Sausen zu breiten Wogen an, wie Keller schreibt, bis es graulich in den Kronen pfeift. Bald knarrt und dröhnt es zwischen den Wurzelgrüften. In der sechsten Strophe schließlich schreibt Keller: »Einer wilden Meeresbrandung / hat das schöne Spiel geglichen; / alles Laub war weißlich schimmernd / nach Nordosten hingestrichen.«[2]

Daher meine Meeresempfindung. Der Wind zeigt die Unterseite mancher Blätter, was ich mit dem Gedicht von Keller verbinde, in dem das Waldesrauschen mit der Brandung verglichen wird.

Aber warum das Klassenzimmer, warum das Wort »süß«? Weil ich das Gedicht in der sechsten Klasse allmorgendlich mit meinen Kameraden am Schulbeginn im Chor aufsagen musste, auf Geheiß unseres Lehrers, einem bereits angejahrten Mann, gekleidet in einen ewigen braunen Cordanzug, aus dem er bisweilen ein Taschenmesser mit einem hölzernen Griff zog, um seinen Bleistift anzuspitzen. Das »Waldlied« war Teil eines lyrischen Repertoires – zu dem ferner der »Säerspruch« von Conrad Ferdinand Meyer gehörte. In diesem kurzen Gedicht wird von verschiedenen Körnern gesprochen, die ihr jeweiliges Schicksal finden. Eines geht verloren, ein anderes bricht durch die Scholle. Sowohl die Ruhe, in die das eine fällt, wie auch das Licht, in das ein anderes bricht, bezeichnet Meyer als süß: »Dort fällt ein Korn, das stirbt und ruht. / Die Ruh ist süß, es hat es gut. / Hier eins, das durch die Scholle bricht. / Es hat es gut. Süß ist das Licht.«[3]

Ich sehe nicht das Bild, ich sehe Geister, und es sind nicht nur die Geister meiner eigenen Geschichte, es sind mindestens so sehr die Geister meiner Kultur, die diese Bilder wecken. Die Bilder von Shirana Shahbazi verweisen immer wieder auf diese Kultur und auf ihre Konventionen. Wir sehen keine Gesichter, wir sehen Porträts, wir sehen nicht nur Totenköpfe und

---

2 Gottfried Keller: Waldlied. In: Gedichte. Zürich: Lehrmittelverlag des Kantons Zürich, 1975, S. 48.
3 Conrad Ferdinand Meyer: Säerspruch. In: Gedichte. Zürich: Lehrmittelverlag des Kantons Zürich, 1975, S. 386.

Früchte, wir sehen Stillleben, wir sehen nicht nur Wälder und Felsen, wir sehen Landschaftsbilder. Und noch bevor wir das Dargestellte sehen können, empfinden wir das Abwesende, all die Porträts, die wir gesehen haben mögen in Museen und in Bildbänden, die Stillleben, deren Allegorien wir nicht entschlüsseln können. Wir setzen in das Bild (Manzareh-28-11) vielleicht die Hagar, die auf dem Gemälde von Claude Lorrain gerade vertrieben wird. Und wir werden in eine Sprache geführt, die uns nicht gehört, deren Begriffe Bedeutungen transportieren, die wir nicht eindeutig entschlüsseln können, die andere Generationen definiert haben und deren Resonanz unsere Empfindungen auslöst. Und wir erkennen, dass wir nicht sehen können, was da ist, weil uns das Pfand der Tradition gereicht wird, das blind von einer in die andere Hand gelegt wird. Wir sehen nicht, weil wir nicht frei sind.

Aber ein Bild muss noch etwas anderes sein können als eine Allegorie. Es muss noch für etwas anderes stehen als für das Wissen, das jemand den Dingen eingeschrieben hat. Jener Hund, zum Beispiel, auf dem Bildnis »Allegorie der Zeit« von Tizian ist noch etwas anderes als die Versinnbildlichung des Weges der himmlischen Wiedergeburt. Und eine Lilie ist mehr als das Attribut des Erzengels Gabriel, und jene betörenden Quitten auf dem Bild (Stillleben-31-2009) sind nicht bloß das Liebespfand in der Hand der Nemesis, die sich, nach Pausanias, in der Liebe als wirksam erwiesen haben.

Im dritten Teil seiner Trilogie »Die Schlafwandler«, dem Roman »Huguenau oder die Sachlichkeit«, zeichnet Hermann Broch die Geschichte von Wilhelm Huguenau, vor dem Ersten Weltkrieg ein elsässischer Kaufmann, jetzt ein Deserteur, der sich von seiner Truppe weggemacht hat und ungebunden von einem Tag zum andern durch Deutschland treibt, von Pfarrhaus zu Gasthof. Und gelöst von allen Verpflichtungen, getrennt von seinem früheren Leben und ohne Ahnung, wie der nächste Tag aussehen wird, gehen ihm plötzlich die Augen auf. Er sieht das Land und die Kultur, wie er sie nie gesehen hat, und als er eines Tages in die alte Stadt Kurtrier kommt und das alte Rathaus und die Prangersäule sieht, wird er plötzlich »von einem Gefühl erfasst, einem unbekannten Gefühl, das er weder benennen, noch von irgendeinem Ursprung hätte ableiten können und das ihn doch seltsam anheimelte: Wäre es ihm als ästhetisches Gefühl bezeichnet worden oder als ein Gefühl, das seine Quelle in der Freiheit besitzt, er hätte ungläubig gelacht, gelacht wie einer, den noch nie Ahnung von der Schönheit der Welt berührt hat, und er hätte insoweit Recht gehabt, als niemand entscheiden kann, ob die Freiheit es ist, in der die Seele sich der Schönheit erschließt, oder ob es die Schönheit ist, die der Seele die Ahnung ihrer Freiheit verleiht ...«.[4]

Die Schönheit und die Freiheit sind unauflöslich verbunden. Niemand kann sagen, welches das andere bedingt. Shirana Shahbazis Bilder beschwören die Schönheit, weil sie die Freiheit suchen, und sie sehnen sich nach der Freiheit, weil man nur frei die Schönheit erkennen kann. Ihre Bilder wecken die Sehnsucht, den Dingen vorbehaltlos zu begegnen, ihr Wesen zu erkennen, ohne ihnen ein Wissen zuschreiben zu müssen. Sie begeben sich in die Verwandtschaft mit den traditionellen Formen der Kunstgeschichte, aber sie verweisen auf die Leere, die sich hinter den Begriffen »Vogel«, »Wald«, »Quitte«, »Stillleben« oder »Süße« auftut. Diese Leere könnten wir vielleicht empfinden, wenn wir einmal davon lassen könnten, die Erscheinungen zu entschlüsseln, zu vergleichen und zu bewerten. Wenn wir weder den Informationen noch den Ideologien anheimfallen, nicht gefangen wären in den zweifelhaften Begrifflichkeiten, sondern den Dingen selbst be-

4 Hermann Broch: Die Schlafwandler. Frankfurt: Suhrkamp, 1978, S. 392.

gegnen könnten, dann könnten wir vielleicht wirklich sehen. Die Bilder von Shirana Shahbazi rufen mich auf, das Sehen zu lernen. Sie wecken in mir das Verlangen, in jene Leere sinken zu dürfen, die nicht fragt, was wir sind oder was wir wissen, die weder vergleicht noch bewertet, sondern einzigartig sein muss, jene Leere, in die uns die Freiheit stürzt, in der wir erst der Schönheit begegnen können, jener Schönheit, die uns alle befreien wird.

Söckchen und Gamaschen
Zu Tizians »Verkündigung«

Die Söckchen meinen Sie? Natürlich sind das bezaubernde Söckchen, eine besonders aparte Form der Fußbekleidung. Auch ich, das will ich gerne zugeben, bin nicht unempfänglich für die Reize gepflegter Fuß- und Beinbekleidung, vor allem, weil diese Söckchen den vorderen Teil des Fußes, eines sehr schönen Fußes nebenbei gesagt, wie überhaupt die Gliedmaßen im Werk Tizians von großer Anmut und Lebendigkeit sind, frei, und also die Zehen des Erzengels Gabriel sehen lassen, Zehen, die am rechten Fuß gespreizt sind, ähnlich den Handschwingen eines Raubvogels, als flöge, oder schwebte dieser Engel, der da einige Zentimeter über dem Boden steht, mit ihrer Hilfe, hielt auch ich bis vor kurzem diese Söckchen für ein weiteres erotisches Detail dieser Szenerie, eine Annahme, die im Ergebnis, was die Erotik betrifft, nicht falsch ist, jedoch auf einem grässlichen Irrtum beruht, einem erhellenden Irrtum allerdings, wenn man ihn erkannt hat, weil er die Lüge aufdeckt und die Feigheit und die Wahrheit und die Menschennatur, die verbrecherische, erbärmliche, abgefeimte.

Als ich das Bild zum ersten Mal sah, oder besser, als ich ihm vor vielen Jahren zum ersten Mal begegnete, in Venedig, in der Scuola Grande di San Rocco, wo man Tizian nicht sucht, wo er im Grunde nicht hingehört, weil dieser Bruderschafts-Konvent seinem Gegenspieler gehört, dem unvergleichlichen Jacopo Tintoretto, der dort in einer jahrzehntelangen Arbeit, Wände und Decken mit den Stationen der christlichen Erlösungslehre bemalt hatte, so dass kein Winkel, keine Ecke frei geblieben ist von diesem Pinselstrich, mit einer Obsession, die die Frage aufkommen lässt, was da übermalt werden sollte, verdeckt, überstrichen, da war ich, wie soll ich es ausdrücken, vom Donner gerührt oder vom Blitz getroffen, eine Reaktion, die jener in der Königlichen Sammlung des Prado zehn Jahre zuvor ähnelte. In Madrid überraschte mich das Porträt Karl V., und wie damals in Venedig war ich unvorbereitet auf den Anblick dieses imperialen Reiters im Harnisch nach der Schlacht bei Mühlberg. Woher meine Überraschung rührte, kann ich nicht sicher sagen, aber es war, als stünde ich nicht im Ausstellungssaal, sondern leibhaftig auf der Waldlichtung, die auf diesem Bild den Hintergrund andeutet, im goldroten Licht, das hier keinen Triumph, sondern das nächste Unglück ankündigt, und ich muss unwillkürlich einen Schritt zurückgetreten sein, um diesem Mann auf seinem Schlachtross den Weg freizumachen, beinahe, als wäre ich selbst der Kurfürst von Sachsen, der an jenem Morgen des 24. April 1547 mit seinen Soldaten des Schmalkaldischen Bundes von den kaiserlichen Truppen in einem Waldstück zwischen Fermerswalde und Züllsdorf umzingelt wurde, unweit der Elbe, diesem traurigen Strom, über den die gekauften Krieger geschwommen waren und das Heer des fetten und versoffenen Johann Friedrich I. von Sachsen niedergemacht hatten. Überrascht, ja, aber anders als Jahre später in Venedig, als ich mich, nachdem ich mich in einer Gasse von einer Frau hatte als Feigling titulieren lassen müssen, in jenem bestimmten Zusammenhang ein unberechtigter Vorwurf, im Ganzen gesehen durchaus angebracht, in einer Ecke des oberen Saales von San Rocco vor der Verkündigung wiederfand, hinter mir die Besucher, die, den Blick gesenkt, in die holzgerahmten Spiegel glotzten, damit sie die Deckengemälde über ihnen studieren konnten, ohne sich den Hals zu verrenken, lauter Ebenbilder von Narziss mit silbrigen Teichen vor der Brust, in diesen der Feuerbusch, die Taube auf der Suche nach Land, der Kreuzesweg undsoweiter, allem beigefügt am unteren Rand das eigene, spiegelverkehrte Gesicht. Kaum einer hatte Augen für jenes breitformatige Gemälde in den Maßen zweieinhalb auf anderthalb Meter, platziert auf

50

einer Art Staffelei, beleuchtet von einem funzeligen Scheinwerfer auf einem Dreifuß, man hätte meinen können, jemand habe das Bild dort zufällig abgestellt und vergessen.

War ich im Prado wohl überrumpelt gewesen, so war es hier, als hätte ich eine Tür aufgestoßen zu einem Zimmer, dessen Zutritt mir verboten war, zwei Gestalten, in einem Moment gefangen, der nicht für mich bestimmt war, der ihnen gehörte und dessen Geheimnis bewahrt werden musste. Als Eindringling fühlte ich mich, aber von heute aus weiß ich, dass ich Maria und Gabriel nicht in ihrem intimsten Moment gestört hatte und meine Überraschung der Einsicht geschuldet war, das Verbrechen, das hier dargestellt wurde, nicht verhindert, mehr noch, um dies zu klären, wie ein Feigling als den Anfang, den Weg zur Erlösung hingenommen zu haben, und war wohl alles an diesem Bild angetan, meine Aufmerksamkeit zu fesseln, so waren es doch die vermeintlichen Söckchen, die mich gefangen nahmen, aus braunem Brokat gewirkt, über dem Rist eine Perlenkette. Sie reichen bis unters Knie dieses Engels, der zweihundert Jahre früher, zur Zeit der Judenverfolgung unter dem Seleukiden Antiochos II. zum ersten Mal erschienen sein soll, und zwar dem Propheten Daniel, diesem gepeinigten Traumdeuter. Und schon da verband Gabriel die enthüllte Wahrheit mit einem Schweigegelübde, das noch für viele Tage eingehalten werden müsse, bis nämlich die Prophezeiung erfüllt sei und ein König aufstehe, einer mit hartem Gesicht, der erfahren sei in Ränken, der die Starken und Mächtigen vernichten und ein entsetzliches Verbrechen anrichten werde, wie es in dieser von grässlichen Kämpfen und alptraumhaften Visionen geprägten Stelle im Alten Testament heißt und einen Trick der Hochstapler bemüht, bei dem das Offensichtliche und Selbstverständliche als ungeheure Neuigkeit präsentiert wird, denn was ist sicherer, als dass ein hartes Gesicht erscheint und ein entsetzliches Verbrechen verübt, da braucht man keine fünf Minuten zu warten, bis diese sogenannte Prophezeiung eintritt, hier, da, irgendwo auf der Welt. Bei Tizian hat dieser oberste der Erzengel und Anführer der Cherubim und Seraphim das Antlitz einer Frau und die Arme eines Mannes und erscheint mit einer Lilie vor der knienden und lesenden Maria, eben in diesen Söckchen, die keine Söckchen sind, keine aparten Strümpfe, wie sie mich, nebenbei gesagt, in der japanischen Hauptstadt Tokio an Hunderttausenden, Millionen von Damenfüßen verzaubert hatten, in einem Frühling, als ich glaubte an die Erlösung durch die Liebe und die Vergebung und mir das wahre Evangelium noch nicht offenbart worden war, Söckchen, die in jeder Form und Farbe, in jedem Muster und Material, ob Baumwolle, Seide oder Nylon, eine Unschuld beteuern, die in den Köpfen der Bewunderer sogleich beschmutzt und zerstört wird, was nicht nur in Japan ein beliebtes Phantasma darstellt. Doch dieser Bote da, sehen Sie, ich musste es auch eines Tages begreifen, ist nicht unschuldig und trägt deshalb auch keine Söckchen, er trägt sohlenlose Überstrümpfe, oder, wie man sie auch nennt, Gamaschen, deren Name auf die libysche Stadt Ghadames verweist, in der ein bestimmtes, grobes Leder hergestellt wurde, das man zur Herstellung dieses Beinschutzes benutzte. Und wie so viele andere Kleidungsstücke wurden auch diese Gamaschen zuerst im Feld erprobt, im Krieg, in der Schlacht, gerade auch von jenen Spaniern, Ungarn und Italienern, mit denen Tizian im Gefolge seines Kaisers nach Augsburg zum geharnischten Reichstag zog, wo man dem dicken Sachsen und seinen Protestanten den Prozess machte. Und die Schatten der Soldaten kamen über die Stadt, so wie der Schatten des Herrn über Maria kam, aber so wenig wie Augsburg sich nicht gefreut haben wird über den Einzug, so wenig freute sich Maria über den unangemeldeten Besuch, dieses Gran Ehrlichkeit traut sich das Evangelium in seinem Zynismus zu, wenn es schreibt, Maria sei erschrocken. Erschrocken? Voller Panik war sie, wie könnte es anders sein, wenn man in die Lektüre vertieft ist und plötzlich unangemeldet ein paar Gamaschen vor einem erscheinen. Und nur ein Hirn in seiner abseitigsten Form kann einer jungen Frau die Frage in den Mund legen, auf welche Weise sie schwanger werden solle, wenn sie keinem Mann beiwohne, und nur eine Perversion in ihrer elaboriertesten Erscheinung mag sich vorstellen, dass Maria das geringste Interesse zeigte, mit diesem Eindringling über ihre Sexualität zu reden, sofern sie denn nicht dazu gezwungen wurde. Was hätten Sie gemacht, an ihrer Stelle? Sie musste danach wieder auf die Straße treten, ihrem Vater, ihrer Mutter, ihren Geschwistern und Onkeln gegenüberzutreten. Tränen kann man abwischen, Wunden mit Salbe beschmieren, Weiber sind weinerlich, nicht wahr, und gelegentlich stoßen sie sich auch den Kopf an. Aber wie versteckt eine junge Frau ihren Bauch, der immer größer wird? Vielleicht hinter einer Geschichte? Denn von wem sollte der Bericht dieser angeblichen Verkündigung stammen, wenn nicht von Maria, bestimmt nicht vom Gamaschenträger, da es in der Mischna, im Traktat Jevamot, heißt, dass der Vergewaltiger, der Verführer und der Irrsinnige sich nicht untauglich machen, und dass man eine Frau gewinne durch Geld, Dokument oder Beischlaf. Er hatte Maria bereits gewonnen, der Gamaschenträger, er musste nichts erfinden, nichts erzählen, er blieb unbehelligt. Nur Maria brauchte eine Erklärung für ihren Bauch, der mit jedem Tag größer wurde, obwohl sie nur verlobt war und mit keinem Mann schlief, auch nicht mit Josef, den wir hier beiseitelassen können, weil er keine Rolle spielt. Wie viel von diesen Marias gab und gibt es, wie viele Frauen haben Besuch bekommen und bekommen Besuch von Männern in Gamaschen, die keine Söckchen sind, wie viele haben sich das Recht genommen, den Schatten über eine Frau zu legen, viele, zu viele, es ist ganz alltäglich, nur eine Geschichte machte Karriere, irgendein Verrückter erzählte sie weiter und ein ebenso verrückter Schreiberling sah sich genötigt, sie aufzuschreiben, aber, erklärt mir, Menschen, was soll Gutes daraus entstehen, wenn der Schatten eines Herrn über eine junge Frau kommt und sie davon schwanger wird?

Nicht die Erlösung wird hier verkündigt, sondern die Ankunft eines Bastards, eines Sohnes ohne Vater, ein Verwirrter, der durch die Gegend streift und um Liebe bettelt auf den Bergen in Predigten und doch nur das erhält, wodurch er entstanden ist, auf Golgatha, dem Schädelberg, am Kreuz. Das ist die Verkündigung, das ist das Evangelium, und es verheißt noch ein paar Jahrhunderte der Schändung, der Folter und der Gamaschen, der Gamaschen und nicht der Söckchen.

II

Postdemokratie?

Nehmen wir im Folgenden einmal an, Jean-Jacques Rousseau habe recht, wenn er zu Beginn seiner 1762 veröffentlichten staatsphilosophischen Schrift »Du contrat social« behauptet, der Mensch sei frei geboren. Und nehmen wir weiter an, eine Demokratie bedürfe der Demokraten, und Demokraten wiederum seien Menschen, die einen Begriff von der Freiheit haben.

Zu Rousseau: Wir wissen, was er unter einer Geburt versteht. Aber was wird der Philosoph mit der Freiheit gemeint haben? Und warum verbindet er sie mit der Geburt eines Menschen?

Ein Neugeborenes findet eine Welt und andere Menschen vor. Niemand wird alleine geboren.

Über das Bewusstsein von Neugeborenen wissen wir wenig. Als Erwachsene besitzen wir keine Erinnerung an jene Zeit. Dass wir irgendwann geboren wurden, leiten wir ab, durch die Erzählung anderer und durch Beobachtung.

Wir sehen, wie der Säugling auf die Befriedigung seiner primären Bedürfnisse konzentriert ist. Er will trinken, er will schlafen, er will Zuwendung. Mehr zu wollen wäre für ihn sinnlos, er wüsste mit nichts, das über die vitalen Interessen hinausgeht, etwas anzufangen.

Was soll ihm die Freiheit, wenn er gebunden ist an die Abfolge seines Stoffwechsels, seiner Wach- und Schlafphasen? Warum schreibt ihm Rousseau eine Freiheit zu, für die ihm offensichtlich sowohl das Bewusstsein als auch die Notwendigkeit fehlen?

Die Antwort lautet: Die Möglichkeiten eines Neugeborenen sind beschränkt, doch mit jedem Tag erweitert es sie. Der Säugling entwickelt sich, vergrößert seinen Aktionsradius, er wächst zum Kind. Das Kind kriecht, spielt, geht, spricht und entwickelt sich zum Jugendlichen, der noch in der Obhut seiner Eltern steht, bald aber, mit der gesetzlichen Volljährigkeit, autonom wird und seine Möglichkeiten, seine Freiheit nutzen darf. In einer Demokratie ist dies gleichbedeutend mit dem Beginn des Stimm- und Wahlrechts.

Die Freiheit ist in diesem Sinne ein Potenzial. Was aber geschieht mit der potenziellen Freiheit eines erwachsenen Menschen? Seine Möglichkeiten erweitern sich ja nicht mehr natürlich, im Gegenteil, bald schon baut der Körper ab. Mit dem Alter werden die Möglichkeiten vielleicht weniger, aber die potenzielle Freiheit bleibt davon unberührt. Was der erwachsene Mensch mit seiner Freiheit unternimmt, liegt an ihm selbst. Es liegt an seinem Willen, seinem Bewusstsein, ob er die gegebenen Möglichkeiten erkennt und nutzt.

Wie zeigt sich der freie Mensch? Indem er die potenzielle Freiheit umsetzt. Er setzt sie um durch Entscheidungen. Dafür braucht es Wahlmöglichkeiten. Mit der Zunahme der Möglichkeiten wird die Entscheidungsfindung komplexer. Die Wahl wird zur Qual. Mit der Anzahl der Möglichkeiten entwickelt sich die Freiheit, auch sie wird komplexer. Mit der Erweiterung der Möglichkeiten entwickelt sich demnach auch die Demokratie und wird dadurch komplexer. Die Komplexität ist ein Maß für die Entwicklung einer Demokratie.

Aber wie verhält sich nun der Begriff »Postdemokratie« dazu? Zuerst: Die Vorsilbe ist lateinisch und bedeutet »nach«. Nach der Moderne erschien die Postmoderne und ersetzte sie. Die Postmoderne bezeichnet eine abgeschlossene Entwicklung. Entsprechend beschreibt »Postdemokratie« etwas, das nach der

Demokratie gekommen sein muss – doch damit ergibt sich ein Widerspruch.

Die Moderne bezieht sich auf eine zeitliche Epoche. Epochen enden und werden durch andere, hier die Postmoderne, abgelöst. Auf die Postmoderne kann alles Mögliche folgen, nur nicht die Moderne.

Gleichfalls kann auf Postdemokratie keine Demokratie mehr folgen – außer ihre Apologeten verteidigten ein zyklisches Geschichtsverständnis. Damit würden sie sich allerdings außerhalb der Wissenschaft setzen, deren Modelle von einem expansiven Universum und einer irreversiblen Zeit ausgehen.

Der Kategorienfehler ist offensichtlich. Die Demokratie ist keine Epoche, sie ist eine Methode und steht in einer zeitlichen Entwicklung. Sie kann schlechterdings niemals vollständig verwirklicht werden. Die Zahl der Möglichkeiten ist unbegrenzt, und mit der Erweiterung der Möglichkeiten hat sich die Demokratie entwickelt, indem, zum Beispiel, das Stimm- und Wahlrecht für Frauen erkämpft wurde.

Damit war die Demokratie in keiner Weise vollendet. In jeder Demokratie leben Menschen, die keine Demokraten sein dürfen oder sein können, was einen Mangel beschreibt, die Demokratie aber nicht grundsätzlich anficht, die evolutiv ist und sich also entwickelt und erweitert.

Dies folgt aus der Tatsache, dass die Demokratie eine Methode ist, die ihre eigene Verbesserung ermöglicht, weil sie davon ausgeht, dass die Freiheit immer neu verwirklicht werden will.

Postdemokraten sind nicht jene, die in einer unvollständigen und mangelhaften Demokratie leben, denn mangelhaft wird sie immer sein, es sind jene, die, aus welchen Gründen auch immer, den evolutiven Freiheitsbegriff verworfen haben, freiwillig oder unfreiwillig.

»Postdemokratie« stellt ein statisches, kein dynamisches Modell zur Verfügung. Sie gibt die Demokratie damit verloren. »Postdemokratie« ist die Negation der Demokratie. Für diese Negation der Demokratie gibt es bereits einen Begriff, er heißt »Diktatur«.

Warum ein neuer Begriff? Warum »Postdemokratie« statt »Diktatur«? Vielleicht schrecken die Apologeten vor der Härte und der geschichtlichen Erfahrung zurück. Dann stellt sich immer noch die Frage, warum sie nicht den Begriff der »Prädiktatur« einführen. Die Folgen für den Diskurs wären entscheidend. Die Denkrichtung wäre nicht retro-, sondern prospektiv, auf die kommende Entwicklung gerichtet. Ferner denunziert man die Demokratie nicht als moribund. Dazu hätten sich die Möglichkeiten begleitend erweitert. Und schließlich und entscheidend: Der Begriff der Prädiktatur beschreibt die geschichtliche Situation genauer – die Zahl der Menschen, die in Systemen leben, die sich Diktaturen annähern, nimmt zu. Abnehmend ist die Zahl der Demokraten.

Der Demontage gesellschaftlicher Strukturen geht die Demontage der Begriffe voraus. Die Apologeten der sogenannten »Postdemokratie« haben eifrig Hand an den Rückbau der Demokratie gelegt. Warum? Was sind ihre Motive? Warum verteidigen sie die Freiheit nicht, warum geben sie die Demokratie verloren? Aus diskursiver Erschöpfung? Aus biografischer Resignation?

Jedes soziale System, gleich welcher Art, schränkt die Freiheit des Menschen ein. Im Gegensatz zur Diktatur hat sich die Demokratie dafür zu rechtfertigen. Demokratien kann man entwickeln und reformieren, solange die Demokraten verstehen, wie sie ihre Freiheit ins Spiel der Möglichkeiten einbringen können.

Mit den Schwanengesängen auf die Demokratie geht die Mutlosigkeit einher. Sie wird, wie immer, von ihrem Gegenstück, dem Chauvinismus, begleitet. Die Selbstwahrnehmung der Demokraten schwankt in unseren Tagen, wie bei einem Narzissten, zwischen Minderwertigkeitskomplexen und Größenfantasien. Aus dieser Disposition entstehen höchstens poröse Analysen. Ihre Dürftigkeit wird mit Lametta behängt, in Formen bunter Neologismen. Einmal beklatscht man die »Postdemokratie«, danach das »Anthropozän«, schließlich den »Homo Deus«. In allen Fällen hört man im Hintergrund dem begrifflichen Fortschritt leise das Totenglöcklein läuten.

Wir erleben, wie die Demokratie von allen Seiten angegriffen und der Untauglichkeit bezichtigt wird. Die Qual der Wahl wird empfunden und beschworen. Folgerichtig verbreitet sich Untergangsstimmung. Statt daran zu arbeiten, die Zahl der Möglichkeiten zu vergrößern und die Demokraten zu befähigen, Entscheidungen zu treffen, führt man begriffliche Schrumpfformen ein. Den Verlust der Demokratie nimmt man als besiegelt und fragt sich nur, wie die Schmerzen gelindert werden können. Statt zu beleben, wird palliativ behandelt. Und man wird, wie in jeder hypochondrischen Episode, auf sich selbst zurückgeworfen und nimmt den Blick von der Welt und von den Menschen, die man darin vorfindet. Der letzte Gestus ist Wehleidigkeit, die letzte Form eine burleske Komik, die letzte Frage an den anderen: Bist du Arzt oder Schamane, kannst du mich retten?

Identitätspolitik

Am 14. Juni 2019 streikten in der Schweiz landesweit die Frauen, um gegen die vielfältigen Diskriminierungen in Politik und Gesellschaft zu protestieren. Dieser Kampftag gab Gelegenheit, sich zu erinnern, wie viel wir der Identitätspolitik zu verdanken haben und wie sehr wir als Gesellschaft daran arbeiten müssen, sie zu überwinden. Denn einerseits ermöglicht sie die Befreiung marginalisierter Gruppen. Ohne sie gäbe es keine Frauenemanzipation, keine Bürgerrechtsbewegung, keine Gay-Pride-Paraden. Identitätspolitik ist gerecht und notwendig, weil sie den diskriminierten Menschen Selbstachtung und Respekt verleiht. Andererseits trägt Identitätspolitik einen Widerspruch in sich. Und in gewisser Weise ist der 14. Juni ein Symbol für dieses Paradox. Denn es gäbe etwas viel Besseres als einen Frauenstreiktag.

An einem heißen Nachmittag im August 1963 hielt der vierunddreißigjährige Reverend Martin Luther King vor dem Lincoln Memorial in Washington DC seine berühmteste Rede, in der er das Ziel seiner Identitätspolitik formulierte: »Ich habe einen Traum, dass meine vier kleinen Kinder eines Tages in einer Nation leben werden, in der sie nicht nach der Farbe ihrer Haut beurteilt werden, sondern nach dem Gehalt ihres Charakters.«

Seine Kinder sollten an ihren individuellen Fähigkeiten und nicht an der Zugehörigkeit zu einer gesellschaftlichen Gruppe gemessen werden. King berief sich auf die amerikanische Unabhängigkeitserklärung, die den Anspruch auf Gleichheit zweihundert Jahre früher in eine so schlichte wie geniale Formel goss: »Wir halten diese Wahrheiten für selbstverständlich, dass alle Menschen gleich geboren sind und von ihrem Schöpfer mit einigen unveräußerlichen Rechten ausgestattet wurden, darunter das Leben, die Freiheit und das Streben nach Glück.« Einige der Verfassungsgeber, George Washington und Thomas Jefferson etwa, waren Sklavenhalter und zählten die Afroamerikaner nicht zu den Menschen, die diese unveräußerlichen Rechte besaßen, und auch zu Zeiten Martin Luther Kings war dieser Anspruch nirgends verwirklicht. In weiten Teilen des Landes herrschte nach wie vor Rassentrennung. Verfolgung, Diskriminierung und Lynchmorde waren allgegenwärtig.

Da nicht zu leugnen war, dass die Afroamerikaner nicht als Individuen, sondern wegen ihrer Gruppenidentität ausgegrenzt wurden, kämpften Martin Luther King und die Bürgerrechtsbewegung zuerst dafür, die Solidarität unter ihnen zu festigen und die eigene schmerzvolle Geschichte nicht als Makel, sondern als Stärke zu begreifen. Die Anerkennung der Identität als verfolgte Gruppe sollte der erste Schritt auf dem Weg zur Befreiung sein. Der zweite Schritt sollte diese Differenz für jeden Einzelnen aufheben und ihn zu einem gleichberechtigten und vollwertigen Mitglied der amerikanischen Gesellschaft machen.

Mehr als vierzig Jahre nach Martin Luther Kings Rede, nach Jahrzehnten des politischen, juristischen und gesellschaftlichen Kampfes, nach einigen Siegen und vielen Niederlagen, forderte im Juli 2004 ein junger Senator aus Illinois auf dem Konvent der Demokratischen Partei in Boston die amerikanische Gesellschaft auf, nun endlich diesen zweiten Schritt zu machen. Die Gleichheit der Amerikanerinnen und Amerikaner sei längst nicht verwirklicht. Die sozialen Missstände würden das Wohl der gesamten Gesellschaft gefährden, nicht nur jenes der Marginalisierten, sondern jedes Bürgers, ob privilegiert oder nicht.

»Während ich hier rede«, so sprach dieser Mann, »gibt es jene, die uns trennen wollen. […] All jenen sage ich: Es gibt kein liberales Amerika, kein konservatives Amerika, es gibt die Vereinigten Staaten von Amerika. Es gibt kein schwarzes Amerika, kein weißes Amerika, kein Latino-Amerika, kein asiatisches Amerika, es gibt die Vereinigten Staaten von Amerika.«

Dieser Senator hieß Barack Obama, und es war diese hoffnungsvolle, mitreißende Ansprache, ein Glanzstück der Rhetorik, die ihn auf einen Schlag landesweit berühmt machte und ihn vier Jahre später ins Weiße Haus tragen sollte. Als Martin Luther King seine Rede hielt, war Obama kaum zwei Jahre alt, und nun forderte er öffentlich das Ende der Identitätspolitik. Er wollte, dass Martin Luther Kings Traum endlich wahr werde. Er wollte nicht länger nur als Mitglied einer Gruppe, sondern endlich als Individuum gesehen werden, endlich dieser Unsichtbarkeit entkommen, die der Schriftsteller Ralph Ellison in den fünfziger Jahren in seinem Roman »Invisible Man« als Folge der Rassentrennung erkannt hatte. »Wer sich mir nähert«, meint der namenlose, schwarze Ich-Erzähler, »sieht nur meine Umgebung, sich selbst oder die Produkte seiner Phantasie – ja, alles sieht er, alles, nur mich nicht.«

War Obama, als er das höchste Amt der USA erreicht hatte und Präsident geworden war, endlich sichtbar geworden? War der Traum der Gleichheit verwirklicht? War seine Wahl der Beweis dafür, dass die Hautfarbe keine Rolle mehr spielte? Das konnte niemand behaupten. Die Hautfarbe bestimmte die Bildungschancen, das Einkommen und die Lebenserwartung. Und noch etwas anderes war schiefgegangen. Ein Indiz dafür liefert Ben Rhodes, Barack Obamas außenpolitischer Berater, in seinen Erinnerungen an die Jahre im Weißen Haus.[1] Bezeichnenderweise geht es auch in dieser Anekdote um eine Ansprache, jene, die Obama in seinem ersten Amtsjahr an der

---

1   Ben Rhodes: Im Weißen Haus. Die Jahre mit Obama. München: C.H. Beck, 2019, S. 100.

Universität in Kairo hielt. Es war die Rede an die islamische Welt, gehalten im Juni 2009 im Hauptgebäude der Universität Kairo. Der amerikanische Präsident plädierte für einen Neuanfang in den Beziehungen zwischen den USA und der arabischen Welt. Das Publikum war bunt gemischt. Säkular orientierte Aktivisten, Intellektuelle, politische Anführer, Kleriker, Frauenrechtlerinnen und Mitglieder der Muslimbruderschaft – ein Abbild der ägyptischen Gesellschaft. Die Menschen im Saal hatten unterschiedliche politische Ansichten, und obwohl Obama viele brisante Fragen ansprach, die Frauenfrage, den Status von Israel und das Verhältnis des Christentums zum Islam, stimmte die Mehrheit seinen Aussagen zu. Die Rede wurde zu einem phänomenalen Erfolg, nicht nur in Ägypten selbst. Die Europäische Union, Pakistan und selbst die israelische Regierung begrüßten die Rede.

Wie war das möglich? Was war der Schlüssel? Ben Rhodes liefert eine bittere Pointe. Viele Jahre später habe er eine Palästinenserin getroffen und mit ihr ein längeres Gespräch geführt. Sie habe die Kairoer Rede niemals vergessen, meinte sie, Obamas Ansprache sei ein Auslöser für den arabischen Frühling gewesen. Und schließlich meinte sie: »Aber es war nicht die Rede. *Er* war es. Die jungen Leute sahen ihn, einen Schwarzen als Präsidenten Amerikas, jemand, der ähnlich aussah wie sie. Und sie dachten: Warum nicht ich?«

Ein weiteres Mal war ein Afroamerikaner hinter seiner Gruppenidentität in seiner Individualität verschwunden. Wieder war er unsichtbar geworden. Was er gesagt hatte, war weniger wichtig als die Farbe seiner Haut, mit dem Unterschied, dass dieses Aussehen hier als Auszeichnung, nicht mehr als Makel definiert wurde. Aber doch schrieb es Obama in einer Identität fest, die er nicht gewählt hatte und der er, im Guten wie im Schlechten, offenbar nicht entkommen konnte.In dieser Anekdote wird das Paradox und die Tragik jeder Identitätspolitik augenscheinlich. Gruppenidentität ist eine Fiktion, eine Erfindung, die nur durch Diskriminierung zustande kommt. Die Parameter, die für diese Identität angeführt werden, sind willkürlich, sie haben keine Essenz. Afroamerikaner unterscheiden sich untereinander, so wie sich Weiße, Frauen, Homosexuelle oder Mexikanerinnen untereinander unterscheiden. Es ist eine Fiktion, die sie anhand eines zufälligen Kriteriums in dieser Identität festschreibt. Die geschichtliche Kontingenz bringt sie hervor, das Interesse einer privilegierten Gruppe, ihre Macht zu legitimieren und zu befestigen. Die Unterdrückung hingegen ist keine Erfindung, und um sie zu überwinden, muss diese Fiktion vorerst als historisches Faktum akzeptiert werden. In Kairo wurde Obama Opfer dieser Affirmation, denn was sollte ein in Hawaii geborener, in Harvard ausgebildeter Mann mit einer palästinensischen Frau gemeinsam haben? Welche Identität teilt er mit ihr?

Und es gibt ein weiteres Problem. Nicht jede Identitätspolitik hat die Anerkennung durch die Mehrheitsgesellschaft zum Ziel. Separatismus kann damit ebenso begründet werden, und tatsächlich wurde die Bürgerrechtsbewegung in den ersten Jahrzehnten vom Konflikt zwischen Separatisten und jenen, die Anerkennung forderten, zerrissen. Malcolm X, neben Martin Luther King in den fünfziger und sechziger Jahren des zwanzigsten Jahrhunderts der einflussreichste Bürgerrechtler und später ebenfalls Opfer eines Attentats, verlangte für die Afroamerikaner einen eigenen Staat mit eigenen Gesetzen. Nach Jahrhunderten der Unterdrückung misstraute er den Weißen und hielt Kings Kampf um Anerkennung für eine besondere Form der Unterwürfigkeit. Malcolm X hielt seine Gruppenidentität für keine Fiktion. Er begründete sie essentialistisch, durch eine Differenz, die auch durch politische und gesellschaftliche Gleichberechtigung niemals überwunden werden könne. Wohin das führte? In den Totalitarismus, den Rassismus und den Antisemitismus seiner politisch-religiösen Stoßtruppe, der Nation of Islam.

Das ist die andere, die hässliche, zerstörerische Seite der Identitätspolitik. Sie zeigt sich in unseren Tagen an vielen Orten, im erstarkten Nationalismus und im Rassismus der neuen Rechten. Ihr geht es nicht um Gleichheit, sondern um die Festschreibung der Unterschiede. Wenn eine marginalisierte Gruppe den Grund für ihre Zurücksetzung nicht als Fiktion begreift und diskutiert, verfällt sie über kurz oder lang in ein totalitäres Denken.

Wir können das, was wir sein wollen, aus uns selbst begründen, aber wir können uns selbst nicht die Anerkennung geben. Dafür sind wir auf die anderen angewiesen. Deshalb bleibt die Gleichheit ein Postulat, das jeden aufgeklärten Bürger betrifft und für das sich jeder, ob er nun privilegiert ist oder nicht, einzusetzen hat. Der Grund für seine Privilegierung ist zufällig. Jeder muss damit rechnen, irgendwann als Teil einer Minderheit diskriminiert zu werden. Jeder sollte sich dafür einsetzen, dass der nächste Frauenstreik überflüssig wird, weil die Gleichheit erreicht sein wird, und falls das nicht der Fall sein sollte, nicht nur der weibliche Teil der Bevölkerung die Arbeit niederlegt, sondern alle, die gleichberechtigt unter Gleichen leben wollen. Frauenstreik ist gut, aber Generalstreik ist besser.

Bona Fide

Wir leben in rasanten Zeiten. Jede Theorie wird von der Praxis überholt, und wer über die Demokratie nachdenkt und sich die Frage stellt, warum sie uns allenthalben Kopfzerbrechen bereitet, weshalb wir in unserer Gesellschaft keinen Konsens mehr darüber finden, was Demokratie im Kern bedeutet, der muss damit rechnen, dass ihm, noch während er seine Gedanken aufs Papier bringt, die Wirklichkeit ein Exempel liefert, das seine Ausführungen auf die Probe stellt.

Gewiss, und das wird wohl unbestritten sein, gehört zu einer freiheitlichen Demokratie eine Rechtsordnung, eine einklagbare und der Willkür entzogene Regelung, die festlegt, auf welche Weise die Institutionen zu funktionieren haben, wie Entscheidungen zustande kommen und wie letzten Endes die Macht verteilt ist. Es gibt verschiedene Möglichkeiten, wie man einen Staat demokratisch organisieren kann: als Präsidialsystem wie in Frankreich oder parlamentarisch wie in Deutschland, die Demokratie mag entweder direkt oder repräsentativ sein, gewiss aber sollte stets die Mehrheit entscheiden, sollten die Gewalten geteilt und die Gerichte unabhängig sein. Doch reicht das? Kann man, wenn diese Voraussetzungen erfüllt sind, behaupten, dass man in einem freiheitlichen, demokratischen Staat lebe? Wohl kaum, denn vor all diesen notwendigen Bedingungen braucht es eine Voraussetzung, die sich nicht in Worte fassen lässt, die kein Gesetz formulieren kann und die, falls sie nicht erfüllt ist, von keiner Institution erstritten werden kann.

Am 5. Februar 2020 wurde in Erfurt der Kandidat der FDP im dritten Wahlgang zum neuen Ministerpräsidenten Thüringens gewählt. Der Mann erreichte die meisten Stimmen der Abgeordneten, was ihn gemäß der Verfassung zum neuen Regierungschef erkor. Und obwohl das Verfahren völlig rechtens war und den Gesetzen entsprach, führte die Wahl zu einer allgemeinen Empörung, zu einem landesweiten Entsetzen und stürzte nicht nur das kleine Bundesland im Osten Deutschlands, sondern die gesamte Bundesrepublik in eine schwere Krise. Der neue Ministerpräsident hatte sich nur mit den Stimmen einer rechtsextremen Partei in sein Amt hieven können. Trotzdem war er sich nicht zu schade, bei seiner ersten Rede im Amt zu beteuern, dass er mit diesen Faschisten, bei denen er sich doch für seinen Posten hätte bedanken müssen, unter keinen Umständen zusammenarbeiten werde. Ob dieser Mann zu dumm oder zu schamlos war, um den inneren Widerspruch zu bemerken, kann nicht geklärt werden, gewiss ist nur, dass er kaum vierundzwanzig Stunden später unter dem Druck der öffentlichen Meinung sein Mandat wieder zur Verfügung stellen und die Auflösung des Parlaments verlangen musste. Aber der Schaden war angerichtet. Lange analysierte die Öffentlichkeit die Ursachen und Folgen, sicher aber ist: Die Vorgänge in Erfurt stellten eine weitere Etappe in der fortschreitenden Unterhöhlung der freiheitlich-demokratischen Ordnung dar. Sie haben mehr als lokale oder nationale Bedeutung. In dieser Wahl spiegelt sich die Krise der westlichen Demokratien zu Beginn des einundzwanzigsten Jahrhunderts fast exemplarisch, und diese Krise ist zuvörderst eine Krise des Vertrauens.

Keine menschliche Gemeinschaft funktioniert ohne Vertrauen, keine soziale Interaktion kommt ohne es zustande. Ich gehe in ein Restaurant, lasse mir die Karte bringen, bestelle eine Mahlzeit und verzehre sie. Selbstverständlich tue ich dies, ohne vorher in der Küche die hygienischen Zustände überprüft zu haben. Im Gegenzug habe ich es nie erlebt, dass ein

Restaurant Vorauskasse verlangt hätte, was in einer gewissen Logik durchaus sinnvoll wäre. Denn wie soll das Restaurant im Falle meiner Zahlungsunfähigkeit die erbrachte Leistung zurückfordern, da ich das Schnitzel bereits verputzt habe? Man vertraut mir, so wie ich dem Restaurant vertraue, denn wir beide wissen: Der Schaden, den wir beide erleiden könnten, steht in keinem Verhältnis zu den Folgen, die ein chronisches Misstrauen gegenüber meinen Mitmenschen haben würde. Auch wenn wir gelegentlich betrogen und hintergangen werden, geht es nicht ohne das Vertrauen. Ein Zusammenleben wäre schlechterdings nicht denkbar. Kontrolle ist gut, aber Vertrauen ist besser.

Wir Menschen gehen ununterbrochen Verträge ein, deren Erfüllung nicht garantiert ist. Meist haben diese Verträge bloß informellen Charakter und werden stillschweigend abgeschlossen. Aber selbst jene, die niedergeschrieben werden, sind ohne das gegenseitige Vertrauen und das Wohlwollen der Parteien wertlos. Kein Vertrag kann alle Missbrauchsmöglichkeiten abbilden. Wenn ich nicht überzeugt bin, dass mein Vertragspartner erstens ehrlich ist und wir beide zweitens im Geist des Vertrages handeln werden, dann werde ich diesen Kontrakt nicht unterschreiben. Misstrauen verhindert Kooperation. Nur das gemeinsame Verständnis von Recht und Billigkeit kann die Grundlage für einen Vertrag schaffen. Es muss, nach unserer Rechtsordnung, in den Klauseln gar nicht ausdrücklich aufgeführt werden, um Gültigkeit zu erlangen. Wir setzen darauf, dass alle Parteien den Vertrag nach Treu und Glauben erfüllen werden, oder wie es im Römischen Recht heißt: nach der Bona Fide.

Auch unsere demokratischen Verfassungen sind Verträge, auch sie bedürfen der Bona Fide. Wichtiger als der Wortlaut eines Gesetzes sind sein Zweck und sein Geist. Und es ist genau diese Einsicht, die in unserer Gesellschaft immer mehr schwindet. Die Vorgänge in Thüringen sind dafür ein Menetekel. Denn es verstößt nicht gegen den Buchstaben der Verfassung, wenn ein Politiker behauptet, mit Rechtsextremisten niemals zusammenzuarbeiten, und sich gleichzeitig von ebendiesen Rechtsextremisten wählen lässt. Aber es verstößt gegen Treu und Glauben. Wie bedeutsam dieser Vorgang für das demokratische Empfinden ist, wissen alle Beteiligten, selbst die Rechtsextremisten. Dies beweist die Tatsache, dass sie den eigenen Kandidaten zum Schein im Rennen ließen, damit die Abgeordneten der sogenannten bürgerlichen Parteien nicht gezwungen waren, sich der Stimme zu enthalten, wie sie es angekündigt hatten. Eine solche Taktik nennt der Volksmund eine Schlaumeierei, und es sind genau diese Finten, die das Vertrauen in die Demokratie zerstören.

Es ist nicht erstaunlich, dass es ausgerechnet eine liberale, um nicht zu sagen eine neoliberale Partei wie die FDP war, die den Willen zur Macht über die Sittlichkeit stellte. Der Opportunismus hat dort seit langer Zeit eine Heimat gefunden. Seit der Wende von der sozial-liberalen zur konservativ-liberalen Koalition im Jahr 1982, als Helmut Kohl Kanzler wurde, haben in dieser Partei jene Kräfte entschieden, die das eigene Interesse über das Gemeinwohl stellten. Jürgen Möllemann, Guido Westerwelle und der aktuelle Vorsitzende Christian Lindner, der sich bei der letzten Bundestagswahl aus parteitaktischen Motiven der staatspolitischen Verantwortung entzog – ihnen ist ein Politikverständnis gemeinsam, das sich zuerst an wirtschaftlichen Prinzipien orientiert. Und es ist vor allem *ein* Begriff, der dieses Denken dominiert und der in fast allen politischen Kräften unkritische Unterstützung fand und dadurch eine unheilvolle Hegemonie erlangte, der Wettbewerb nämlich. Demokratie allerdings ist weit mehr als ein Konkurrenzkampf, und der größte Feind einer freiheitlichen-demokratischen Ordnung ist die Verherrlichung der reinen Taktik. Der Glaubwürdigkeitsverlust der Demokratie ist die

Folge einer Politik, die nicht nach der Bona Fide handelt. Keine Institution kann uns vor jenen schützen, die den eigenen Opportunismus über den Geist der Demokratie stellen, die Gesetze nur als Rahmen verstehen, innerhalb derer sie die Macht erlangen können, die jede Schlaumeierei gutheißen, selbst wenn dies bedeutet, mit Feinden der demokratischen Ordnung zu kooperieren. Mit Faschisten aber können keine Verträge abgeschlossen werden. Sie anerkennen das Prinzip von Treu und Glauben nicht, und wenn sie auch dem Wortlaut der Gesetze folgen, so verstoßen sie doch umso mehr gegen ihren Geist.

Nach einigen Jahrzehnten der totalen Ökonomisierung und nachdem das Konkurrenzdenken und der Kampf um die Wettbewerbsfähigkeit auch den letzten Lebensbereich erobert haben, scheint sich dieser Geist zu verflüchtigen. Zwar konnte die kritische, demokratische Öffentlichkeit diesen Ministerpräsidenten verhindern – aber wie oft wird ihr das noch gelingen, wenn Teile der bürgerlichen Mitte keine Scham mehr zeigen, mit Faschisten zu kooperieren? In einer Zeitung, die man bis vor einiger Zeit für gemäßigt halten konnte, machte sich der Kommentator über das Entsetzen in der Öffentlichkeit lustig und meinte mit Blick auf Thüringen, dies sei eben Demokratie. Der liberale Kandidat habe die Mehrheit der Stimmen erreicht, und er sei nicht dafür verantwortlich, wer ihn gewählt habe. Die Frage sei nur, ob es taktisch klug gewesen sei, die Wahl anzunehmen. Ein Denken, dass sich dieser Argumente bedient, steht mit einem Bekenntnis zur freiheitlich-demokratischen Ordnung nicht in Übereinstimmung. Und man muss fürchten, dass es weitverbreitet ist. Es sind die Folgen einer Entwicklung, die keine andere Kategorie als den kurzfristigen Vorteil mehr gelten lässt und ausschließlich der Hegemonie des Wettbewerbs und der totalen Konkurrenz zwischen den Subjekten das Wort redet. Dabei ist Sittlichkeit störend. Deshalb wurde der sogenannte Gutmensch als rückständig und als Entwicklungshindernis denunziert. Es wäre eine gute Idee, sich bewusst zu machen, dass die Zurückweisung aller Verantwortung für das Gemeinwohl und der Verlust von Treu und Glauben nicht in die Befreiung, sondern geradewegs in die Kerker des Faschismus führt.

Die Rabenmutter

Am Montag, dem 6. Mai 2019, gegen 13.00 Uhr, wurde die kommende Katastrophe verkündet, die endgültige und unwiderrufliche Zerstörung unserer natürlichen Lebensgrundlagen. Mir und meinen Landsleuten überbrachte das Radio die traurige Botschaft. In den Mittagsnachrichten erläuterten eine Biologin und ein Geograf die Resultate des ersten Weltbiodiversitätsberichts, eine Bestandsaufnahme, die von hundertsiebenunddreißig Ländern in Auftrag gegeben und an jenem warmen Maitag in Paris der Öffentlichkeit präsentiert wurde.

Die Ergebnisse waren niederschmetternd: Eine Million Arten vom Aussterben bedroht. Ein Drittel der Meeresfischbestände überfischt. Die Aussterberate um den Faktor zehn bis hundert erhöht. Drei Viertel der Land- und zwei Drittel der Wasseroberfläche durch den Menschen erheblich verändert – und so weiter und so fort: Die Hiobsbotschaften nahmen kein Ende. Die Biologin klang wie eine Ärztin, die ihrem Patienten die fatale Diagnose überbringt und gleichzeitig weiß, wie wenig ihn dies kümmern wird. Er weiß, dass es für eine Heilung ohnehin zu spät ist und auch eine radikale Änderung der Lebensweise sein Schicksal nicht abwenden könnte. Die Kommission hatte vier Szenarien entwickelt, und selbst das hoffnungsvollste und unwahrscheinlichste, so die Biologin, werde den Sturz in den Abgrund nicht verhindern können.

Dieser Verzweiflung mochte ich mich nicht kampflos hingeben und schaute mir den Bericht im Internet im Detail an. Leider beruhigte die vertiefte Lektüre meine Nerven nicht. Die Diagnose war fundiert, die Zahl der verwendeten Quellen groß, die Resultate genügten wissenschaftlichen Ansprüchen. Und es gab sogar Vorschläge, wie der Trend gebremst werden konnte. Im Anhang fand ich ein Diagramm, das die Elemente einer nachhaltigen Entwicklung darstellte, überschrieben mit: »Living-well in Balance and Harmony with Mother Earth.«

Es war seltsam, in einem wissenschaftlichen Bericht den Begriff »Mutter Erde« zu finden. Und warum unterschieden die Forscher zwischen der Natur und dem Menschen? Sind wir nicht ein Teil von ihr? Jedenfalls hat diese Natur auch das menschliche Leben hervorgebracht. Es war die Natur, die uns Fähigkeiten gab, dank derer wir uns in sämtliche Lebensräume ausbreiten konnten. Dank der natürlichen Fähigkeiten haben wir unsere Population in den letzten fünfzig Jahren verdoppelt. Unter unserem Erfolg leiden andere Arten, aber gegen ein Gesetz der Natur verstoßen wir Menschen nicht. Im Gegenteil. Diese Natur kennt keine Harmonie, ihre Gesetze sind unerbittlich. Der Starke überlebt, das Schwache wird ausgemerzt. Der Kranke kann nicht auf Pflege hoffen und wird zum Futter seiner Feinde.

Was ist harmonisch, wenn ein Löwenmännchen ein Rudel übernimmt und sämtliche Jungtiere totbeißt, die es nicht selbst gezeugt hat?

Und die Schlupfwespen, leben sie harmonisch? Sie legen ihre Eier in das Innere von anderen Tieren, damit die geschlüpften Larven ihre Wirte von innen auffressen können. Manche haben daraus eine absonderliche Kunst entwickelt. Die Art Polysphincta etwa sucht sich Radnetzspinnen als Opfer. An deren Hinterleib beißt sich die Wespe fest und trinkt den austretenden Körpersaft, aber noch tötet sie die Spinne nicht. Zuerst injiziert sie ihr einen Stoff, der sie dazu bringt, mit den letzten Kräften nicht ein Netz, sondern eine Höhle zu weben. Dort verpuppen sich die gefräßigen Larven und tun sich am Spinnenleib gütlich.

Eine Kollegin, die Juwelwespe, ein grüngoldenes Tierchen mit aparten roten Oberschenkeln, das in Afrika und in Indien zu Hause ist, harmonisiert derweil mit der Amerikanischen Großschabe. Ihr spritzt sie ein Gift in die Ganglien. Danach lässt sie sich willenlos in eine Höhle führen und gemeinsam mit einem Ei der Wespe lebendig begraben. Vom Gift der Wespe gelähmt, aber nicht getötet, lebt die Schabe so lange, bis die Larve sie Stück für Stück aufgefressen hat.

Welche Harmonie also? Von einem höheren Standpunkt aus betrachtet, regulieren die Schlupfwespen den Insektenbestand. Aber ist diese Harmonie für uns ein Vorbild? Die Natur fragt weder die Löwenkinder noch die Schaben, ob sie mit ihrer Funktion und ihrem Dienst an der Sache einverstanden sind. Sich die Natur als Mutter vorzustellen ist pervers. Oder ist es mütterlich, beständig neues Leben zu schaffen, um es danach wieder zu vernichten? Und was ist fürsorglich an einer Mutter, die Plasmodien und Cholerabakterien hervorbringt, die Menschen weltweit terrorisieren?

Der Mensch ist Teil dieser Natur, aber er ist jener Teil, der sich gegen ihre Gesetze auflehnt. Er akzeptiert nicht, dass seine Existenz einer anderen Existenz als Zweck dient und sein Körper als Nahrungsquelle verwertet wird. Er revoltiert gegen den ewigen Kampf ums Überleben. Er hat gelernt, sich von den natürlichen Zyklen abzukoppeln und sich vor ihren Gewalten in Schutz zu bringen. Er hat sich gegen jene Gesetze gewehrt, die einen großen Teil der Frauen bei der Geburt ihres Kindes umbrachten. Noch zu Beginn des zwanzigsten Jahrhunderts lag die Müttersterblichkeit in den Industrienationen bei dreihundert Todesfällen auf hunderttausend Lebendgeburten. Seither ist sie um den Faktor dreißig gesunken, und zwar dank der unnatürlichen medizinischen Versorgung. Mutter Natur waren die anderen Mütter gleichgültig. Die verwesenden Frauenleichen dienten schließlich anderen Organismen zur Nahrung, fanden sich gegen ihren Willen eingefügt in den bekannten Kreislauf des Sterbens und Gebärens.

Die natürliche Harmonie? Eine monumentale Gleichgültigkeit. Ihr Gleichgewicht? Ein Gleichgewicht des Schreckens.

Wie hilflos und zynisch der Rückgriff auf die »Mutter Erde« und ihre Natur ist, sieht man auch daran, dass die Biologin im Radio auf ein Land verwies, das seinen ökologischen Fußabdruck im Griff hat, auf Burundi nämlich. Dieser ostafrikanische Staat lebt tatsächlich nachhaltig, denn seine Bevölkerung ist mit einem Jahreseinkommen von siebenhundert Dollar pro Kopf die zweitärmste der Welt. Die Lebenserwartung beträgt sechzig Jahre. Die Burunder verbrauchen weniger Ressourcen als ein Schweizer, der zweiundzwanzig Jahre länger lebt und neunzig Mal mehr verdient.

Trotz seiner unpassenden Begrifflichkeit beschreibt der Weltbiodiversitätsbericht eine fundamentale Tatsache. Die Spezies Mensch ist zum Opfer ihres eigenen Erfolgs geworden. Handel und Innovation, die beiden wesentlichen Faktoren für die menschliche Entwicklung, haben in den vergangenen dreißig Jahren eine ungeheure Beschleunigung erfahren und bedrohen die Lebensgrundlagen. In der Diagnose korrekt, steht der Bericht bei der Formulierung einer Lösung für eine Tendenz, die in der Moderne allgegenwärtig ist und immer wieder als Modell dient, um den zivilisatorischen Widersprüchen zu entkommen: die irrationale Überhöhung der Natur, die Flucht in den Schoß einer metaphysischen, einer konstruierten »Mutter Erde«.

Wenn die Gesellschaft der Dialektik aus Fortschritt und Zerstörung entkommen will, sollten wir aufhören, die Harmonie mit der Natur zu beschwören. Wir sollten aufhören, in ihr eine Mutter zu sehen. Wenn der Mensch Böden ausbeutet, die Meere überfischt, die Luft verpestet, folgt er nur den sogenannten natürlichen Gesetzen. Dasselbe wenn sich seine eigene Population rücksichtslos bis an die Ressourcengrenze entwickelt. Hefebakterien halten es so, Kaninchen halten es so, und auch der Riesen-Bärenklau macht dasselbe. Jede Art vermehrt sich, bis ihre Nahrungsgrundlagen erschöpft sind oder eine konkurrierende Art die weitere Ausbreitung verhindert.

Wir sollten im Gegenteil versuchen, diese natürliche Dynamik zu durchbrechen und auf die Eigenschaften setzen, die nur dem Menschen gemein sind. Neben der Dezimierung der Arten, der Vernichtung der Lebensgrundlagen, schafft die Ausbeutung der Ressourcen auf kurze Sicht Wohlstand, auf lange Sicht aber Ungleichheit und Leiden – und zwar unter uns Menschen. Nachhaltige Entwicklung, darauf weist dieser trotz aller Kritik wertvolle Bericht zum Glück auch hin, ist zuerst eine soziale Aufgabe. Jene, die vom Wohlstand profitieren, tragen die Lasten nicht. Wir Zeitgenossen leben auf Kosten der kommenden Generationen.

Der Pessimismus, die Resignation, der verbreitete Fatalismus – all dies liegt auch daran, dass die Natur mit einer »Harmonie« und einem »Gleichgewicht« in Verbindung gebracht wird. Wir Menschen sind im Gegensatz dazu jene Spezies, die diese natürliche Ordnung durcheinanderbringt. Und genau diese Metaphorik verhindert die Entwicklung einer Lösungsstrategie.

Statt den Menschen zu dämonisieren, muss das Bewusstsein für seine Verantwortung entwickelt und gefördert werden. All dies ist der sogenannten Natur gleichgültig. Es ist gefährlich, ihre Harmonie zu beschwören. Sie nimmt keinen Anteil an unserem drohenden Schicksal, einem Schicksal, dem wir nur entkommen, wenn wir uns auf das besinnen, was den Menschen im Kern auszeichnet, auf seine Solidarität, sein Mitgefühl und seine Sehnsucht nach einer globalen Gerechtigkeit.

Asia Level

Der Schriftsteller Lu Xun, von dem es heißt, er habe mit seinem »Tagebuch eines Verrückten« die Moderne in der chinesischen Literatur begründet, bringt in einer Rede aus dem Jahr 1927 eine Beobachtung zum Ausdruck, die in gewisser Weise auch bald hundert Jahre später gültig ist. »Wir haben Menschen, aber keine Stimme, die Einsamkeit ist groß. Kann ein Mensch ohne Stimme leben? Nein, man kann ihn als tot bezeichnen oder, milde ausgedrückt, als stumm.«

Lu Xun bezog sich auf die chinesische Schrift, jenes »schreckliche Erbe, das uns unsere Vorfahren hinterlassen haben. Selbst nach jahrelangem Studium ist es schwierig zu schreiben.« Ein ganzes Volk, das sich kaum ausdrücken könne, keine Möglichkeit habe, seine Erfahrungen, seine Gefühle mitzuteilen – das sei das Schicksal Chinas. Und obwohl die Alphabetisierung mittlerweile Werte von über 98 Prozent erreicht, bleibt China ein stummer Riese, jedenfalls in unseren, den westlichen Ohren.

Man kennt ähnliche Situationen von vielen Gelegenheiten: Da sitzt man in gepflegter und angeregter Runde zusammen, erörtert unter interessierten Zeitgenossen das kommende Jahr, die Weltlage, die Herausforderungen, die Gefahren und die Chancen. Durchaus differenziert spricht man über den Brexit und über die anstehenden Wahlen in den USA, über den Klimawandel und die sozialen Unruhen in Südamerika – und nach einigen Minuten fällt das Gespräch unweigerlich auf das Reich der Mitte. Im selben Augenblick verflacht die kenntnisreiche Diskussion und ähnelt schon bald einem gleichförmigen Allerlei aus wenigen persönlichen Erfahrungen und Versatzstücken der laufenden Berichterstattung.

Und wie diese folgen auch die privaten Gespräche über das Reich der Mitte in der Regel einem von zwei Mustern.

Das erste beschwört die Potenz Chinas in leuchtenden und einschüchternden Beispielen. Zehntausende Ingenieure würden jede Woche die dortigen Universitäten mit Promotion verlassen, schon heute beanspruche China mehr als siebzig Prozent des Benzinbedarfs – was immer auch zitiert wird, ob korrekt oder nicht, resultiert in der Einsicht, dass der westliche Abstieg angesichts eines solchen Riesen unvermeidlich und eine ausgemachte Sache sei. Die Große Mauer sei schließlich das einzige Bauwerk, das man aus dem All erkennen könne, die chinesische Zivilisation reiche fünftausend Jahre zurück, und jede Woche fallen weitere Unternehmen in chinesische Hände. Die Sprache des einundzwanzigsten Jahrhunderts werde Mandarin sein. Ferner seien die Chinesen nicht wie wir Europäer von Skrupeln angekränkelt. Fortschritt, Wachstum, Entwicklung – Werte, die ohne Wenn und Aber begrüßt und verfolgt würden. Die hiesige Jugend wird zitiert, die zehn verschiedene Schwierigkeitsgrade und darüber hinaus einen Begriff für jene Stufe kenne, die Europäern verschlossen sei und nur von Asiaten erklommen werden könne, das sogenannte Asia Level. Asiaten, besonders Chinesen, seien hungriger, stünden früher auf und gingen später zu Bett, sie seien durch den Wohlstand nicht verwöhnt und ähnelten dabei einer Kultur, die es wohl in Europa auch einmal gegeben habe, die aber mittlerweile ausgestorben sei, jene Kultur, die Disziplin und Opferbereitschaft höher bewerte als Freiheit und persönlichen Lebensstil.

Das zweite Narrativ ist das Gegenbild zu diesen Minderwertigkeitskomplexen, die Negation der Bewunderung für die schiere Energie Chinas. Es betrifft die vermeintliche Missachtung für alles, was uns Europäern die Aufklärung gebracht habe. Das Recht der freien Meinungsäußerung, Gewaltentrennung, Menschenrechte – Werte, die zwischen dem Jangtsekiang und dem Gelben Fluss nur belächelt würden. Ohnehin seien deren Sitten, falls man denn überhaupt von Sitten reden könne, kaum, das heißt überhaupt nicht, mit den unseren in Übereinstimmung zu bringen. Die lächerliche chinesische Sucht, den Westen zu kopieren, zeuge vom Mangel an eigenen Traditionen. Gleichzeitig gebe es ein peinliches Unvermögen, auch nur die einfachsten Regeln zu verstehen und sich ihnen anzupassen. Ein chinesischer Tourist verlange stets die eigene Kost, und ob das Restaurant nun in Sichtweite der Uffizien, des Eiffelturms oder der Rigi liege – die Karte und die Speisen seien kantonesisch. Das Geräusch allerdings, das Schlürfen, verstehe man auch hierzulande, leider. Gerade die Käsekultur sei ihnen nicht zu vermitteln, denn sämtliche 1,4 Milliarden Chinesen litten an Laktoseintoleranz. Natürlich seien die Chinesen hungrig und leistungsbereit, aber gleichzeitig hätten sie im Kern nicht begriffen, was der Grund für den europäischen Erfolg sei, der freie Geist nämlich, und deshalb möge dieser Aufschwung rasant sein, aber nicht nachhaltig, weil nicht von inneren Werten stabilisiert.

Lediglich jene Nachrichten, die in eines der beiden stereotypen Narrative passen, finden bei uns eine gewisse Verbreitung. Tibet und die dortigen Probleme, zuletzt die Menschenrechtsverletzungen gegen die Uiguren in der Provinz Xinjiang und die Proteste in Hongkong, dazu die Charts, deren Kurven immer steil nach oben streben – ein differenziertes Bild Chinas ist bis heute nicht entstanden. Wir studieren und kennen die verschiedenen amerikanischen Präsidentschaftskandidaten und ihre politischen Programme, wir verfolgen das britische Drama in allen Einzelheiten, aber wir kennen keinen einzigen maßgeblichen chinesischen Intellektuellen und haben nicht die leiseste Ahnung, welche Kämpfe in der Kommunistischen Partei Chinas ausgefochten werden. Das Wissen der europäischen Öffentlichkeit über die chinesischen Zustände bleibt marginal, es dominieren die Karikaturen. Diese Zerrbilder bestimmen übrigens nicht nur die privaten Kreise. Auch Regierungen unterliegen bisweilen ihren Selbsttäuschungen, und manchmal sind die Folgen fatal.

Vor zwanzig Jahren, im März 2000, begründete der damalige Präsident Clinton, warum er und seine Administration dafür kämpften, China in die Welthandelsorganisation aufzunehmen, und er dem Kongress die entsprechenden Gesetzesvorlagen präsentieren werde. An der Johns Hopkins Universität in Baltimore, ironischerweise im Beisein von Paul Wolfowitz, der unter George W. Bush ebenfalls für weitreichende Fehlentscheidungen, allerdings in der Irak-Politik, berühmt werden sollte, räumte Clinton ein, dass die chinesische Regierung keine Opposition dulde und grundlegende Bürgerrechte und die Religionsfreiheit missachte. Einige gewichtige Stimmen seien der Meinung, man solle Peking für diese Verbrechen nicht belohnen. Aber die Wahl zwischen wirtschaftlichen Rechten und Menschenrechten sei eine falsche, so meinte Clinton. Und es stehe nicht zur Diskussion, ob man diese Praktiken verurteile oder gutheiße – es stelle sich allein die Frage, wie man sie verbessern könne. Und der beste Weg sei, China in das globale Wirtschaftsnetz einzubeziehen und es in unsere, die westliche, also die menschliche, in die gute Richtung zu schieben.

Dieses Dokument steht stellvertretend für die westliche Ignoranz gegenüber China. Die Selbstgefälligkeit, mit der Clinton die Menschenrechte für die westliche Kultur in Anspruch nimmt, die Abfälligkeit, mit der er China als ungezogenen Halbstarken zeichnet – all dies ist emblematisch geworden. Clintons Regierung rechnete damit, dass China eine eigene Agenda verfolgen würde, aber nicht, dass es diese Agenda auch würde durchsetzen können. Es ist geradezu ironisch, dass es ausgerechnet der Freihandel war, mit dem der amerikanische Präsident glaubte, China zähmen zu können. Man hätte nur die Geschichte des Opiumkrieges studieren müssen, um zu begreifen, dass man im Reich der Mitte eine etwas andere Sicht auf diesen Begriff hat. Man hätte nur die Ruinen des von Franzosen und Briten zerstörten Yuanming Yuan, des Sommerpalastes in Peking, besichtigen müssen, um zu sehen, wie groß das dortige Misstrauen gegenüber salbungsvollen Worten aus dem Westen ist. Für China bleibt diese Zerstörung ein lebendiges Trauma, ein Zeugnis für das »Jahrhundert der Demütigung«, der »Ground Zero« dieser Kultur. Aber diese Zeichen, diese Geschichte blieben in unseren Ohren stumm, und im Jahr darauf wurde China tatsächlich in die WTO aufgenommen. Die weitere Entwicklung ist bekannt. China ist zur führenden Weltmacht aufgestiegen, es hat eine atemraubende, beispiellose Entwicklung hinter sich, die alles andere als abgeschlossen ist. Die Menschenrechtslage hat sich in keiner Weise verbessert und ebenso wenig die Position des Westens, etwas an dieser Situation ändern zu können. Der Mann, der mindestens bis zum Jahresende 2020 im Weißen Haus sitzt, schneidet mit seinem Handelskrieg vor allem der eigenen Wirtschaft ins Fleisch. China lässt sich vom Westen längst nichts mehr diktieren. Diese Zeiten sind vorbei. Und wir, die gewöhnlichen Konsumenten, lassen uns die chinesischen Konsumgüter frei Haus liefern, aber wir wissen kaum, mit welchem Partner wir es zu tun haben. Chinesische Geschichte oder Kultur? Keine Ahnung.

Woher die Angst vor China rührt? Ganz einfach: Es ist die Angst des Ignoranten vor dem Unbekannten, vor dem, was er nicht lesen, was er nicht verstehen kann. Wir müssen uns daran gewöhnen, dass eine vertiefte Auseinandersetzung mit dem Reich der Mitte nottut. China ist zu unserem Nachbarn geworden. Denn in Anlehnung an den großen Dichter Lu Xun könnte man fragen: Kann ein Mensch ohne Ohren leben? Nein, man kann ihn als tot bezeichnen, oder, um es milder auszudrücken, als taub.

Komplizen der Korruption

Die Zeiten sind nach wie vor lehrreich, auch wenn man sich eingestehen muss, dass der Stoff nicht immer neu ist und dieselben Lektionen wieder und wieder repetiert werden.

Jüngst etwa das Kapitel zu Korruption. Wie oft müssen wir es noch wiederholen? Die wichtigsten Lehrsätze haben wir längst begriffen. Der erste und wichtigste: Jeder Mensch ist bestechlich, unbesehen seiner politischen oder religiösen Überzeugung. So hinderte die Mitgliedschaft in der Sozialdemokratischen Partei Deutschland den ehemaligen Außenminister Deutschlands nicht daran, sich von der Fleischindustrie kaufen zu lassen. Als aktiver Politiker hatte er für ein Ende der Leihverträge und bessere Arbeitsbedingungen in den Betrieben gekämpft – nach dem Ende seiner Amtszeit war das alles vergessen.

Dasselbe mit dem Genfer Staatsrat, ein Minister in der Kantonsregierung, der sich eine Reise in die Vereinigten Arabischen Emirate bezahlen ließ. Dort traf er nach eigenen Angaben »rein zufällig« den Kronprinzen. Bei der späteren Befragung durch die Untersuchungsbehörden log der Politiker so lange, bis sich die Wahrheit nicht mehr verheimlichen ließ. Weder die Prinzipien des Liberalismus noch ein freisinniges Parteibuch schützen gegen die Versuchung, sich von einer totalitären Diktatur bestechen zu lassen.

Auch in der Wirtschaft kennt die Korruption keine Grenzen. Die Bündner Baubranche ist notorisch bestechlich. Das ist nichts Neues. Wir wissen es längst. Dazu hätte es die Meldung über das neuerliche Verfahren der Wettbewerbskommission wegen Submissionsabsprachen im Misox nicht gebraucht. Beton braucht Schmiergeld als Bindemittel.

Aber man hüte sich vor seinen Vorurteilen! Auf den Baustellen mag es ruppig zu- und hergehen, aber nur weil jemand mit sauberen, sogar sterilen Händen arbeitet, bedeutet das nicht, dass er keine schmutzigen Geschäfte betreibt. Und oft lassen jene Engel in Weiß, die sich per Eid zum Dienst am Menschen verpflichtet haben, manchen korrupten Baumeister als Waisenknaben dastehen.

Das diesbezügliche Lehrmittel ist der Bericht der New Yorker Staatsanwaltschaft, südlicher Distrikt, die im Sommer 2020 eine Strafe von dreihundertfünfundvierzig Millionen Dollar gegen Novartis erwirkt hat. Das schweizer Pharmaunternehmen bezahlte in den USA Tausende von Ärzten, damit diese ihren Patienten firmeneigene Medikamente verschrieben. Vehikel für die Korruption war ein fiktives Speaker-Programm. Die Mediziner wurden als Referenten eingeladen, Vorträge aber mussten sie keine halten. Das Gebaren nahm mitunter groteske Züge an. In Harrisburg, einer Stadt in Pennsylvania, gab es fünf Ärzte, die in acht Jahren über hundert fiktive Veranstaltungen bestritten, manchmal fünf in einem einzigen Monat. Sie wechselten sich als Vortragende ab und strichen reihum die Honorare ein. Zusätzliches Publikum brauchten sie dabei nicht, vier hörten zu, einer redete und garnierte, das nächste Mal war der nächste dran.

Nein, so lernen wir, auch ein hippokratischer Eid schützt nicht vor Bestechlichkeit. Ein anderer Kollege strich über die Jahre insgesamt dreihundertzwanzigtausend Dollar von Novartis ein. Im Gegenzug stellte er mehr als achttausend Rezepte für Produkte des Basler Pharmariesen aus.

Und obwohl Novartis mit Medikamenten gegen Bluthochdruck und Diabetes auf den Markt drängte, fand man nichts daran, die korrupten Mediziner zu ungesunden Fress- und Saufgelagen in einige der besten Restaurants des Landes einzuladen. An einem Tag im Jahr 2008 verprassten die Gäste im Danton's Gulf Coast am Montrose Boulevard in Houston, Texas, sechshundertachtzig Dollar – pro Person. Und dabei war das Danton's zwar ein ordentliches Lokal, aber gewiss kein Luxusrestaurant. Die Bloody Mary gab's für zwölf Dollar fünfundneunzig, und die Gumbo, die traditionelle Fischsuppe, kostete auch nicht mehr als fünfundzwanzig Dollar. Bei dieser Zeche mag man sich das Treiben an diesem Abend lieber nicht vorstellen, aber man versteht den Hinweis im Bericht der Staatsanwaltschaft, wenn es heißt, die Ärzte hätten exzessiv Alkohol konsumiert, »to the point of intoxication«, oder auf Deutsch: bis zum Vollrausch.

Man fragt sich als Außenstehender, wie Menschen in einem korrupten System ihr Tun vor dem inneren Richter, dem eigenen Gewissen, rechtfertigen. Aber das ist eine naive Vorstellung. Denn dies ist ein weiterer Lehrsatz: Es gibt bei den Beteiligten oft kein Unrechtsbewusstsein. Die Bestechung wird stets mit denselben Argumenten verteidigt. Man macht nur, was alle machen. Das Verhalten der anderen ist viel schlimmer. So wurde das Geschäft schließlich immer betrieben. Ich mache das nur einmal, es ist eine Ausnahme. Niemand wird geschädigt. Es ist für eine gute Sache.

Allerdings fand jenes Essen in Houston aber überhaupt nie statt. In einem Fall auf Long Island wurden vom Wirt nämlich fiktive Rechnungen ausgestellt, die von einem ebenfalls korrupten Vertreter an Novartis weitergereicht und vom Unternehmen anstandslos bezahlt wurden. Daraus folgt ein weiterer und entscheidender Lehrsatz: Korruption ist nur möglich in einer korrupten Kultur. Damit Bestechung funktioniert, muss jeder bereit sein, die ihm zugewiesene Rolle zu spielen, nicht nur die Täter, die von der Bestechlichkeit direkt profitieren.

Entscheidend ist am Ende die Komplizenschaft der Mitwissenden, jener, die keine unmittelbaren Vorteile beziehen, aber gleichzeitig wenig Interesse haben, dass die Korruption auffliegt. So wird es auf beiden Seiten der korrupten Beziehung einen Buchhalter geben, der die bezahlten Honorare in der Erfolgsrechnung verstecken muss, einen Angestellten, der die zweifelhaften Termine ausmacht. Sie werden kein Interesse haben, dass ihre Chefs von der internen Aufsicht oder von der Strafverfolgung belangt werden. Schließlich könnten auch sie ihren Job verlieren. Zwischen Täter und Mitwisser entsteht eine gegenseitige Abhängigkeit. Und ist die korrupte Kultur erst einmal etabliert, braucht es in der Regel einen Whistleblower, der seine Existenz aufs Spiel setzt, damit die Sache ans Licht kommt.

Was für die Täter gilt, gilt umso mehr für die Mitwisser. Die Strategien der Rechtfertigung greifen und werden irgendwann nicht mehr hinterfragt. Bei einem Unrecht, das alle begehen, fühlt sich der Einzelne selten schuldig. Im Gegenteil: Wenn alle bestechlich sind, wäre es dumm und naiv, ehrlich bleiben zu wollen. Man würde gegen den informellen Gemeinschaftsvertrag verstoßen und sich gegen die eigenen Interessen stellen. Und es gäbe schnell einen anderen, der den Platz einnehmen würde. Als es im Zürcher Kantonsrat darum ging, für den Weltfußballverband FIFA, eine so korrupte wie kriminelle Organisation, eine gesetzliche Grundlage zu schaffen, damit diese Gelddruckmaschine nicht mehr vom Privileg der Gemeinnützigkeit und dem liberalen Vereinsrecht profitieren konnte, fand die Mehrheit der Abgeordneten, es wäre dumm, eine solche Bestimmung zu erlassen. Erstens profitiere die Öffentlichkeit in nicht geringem Maße und zweitens würde die FIFA bei einer Verschärfung der Kontrolle einfach den Standort wechseln. Und obwohl sich die internationale Öffentlichkeit seit langem fragt, aus welchen Gründen der schweizerische Bundesanwalt die geheimen Treffen mit dem FIFA-Boss nicht protokollierte und warum genau die Strafuntersuchung verjährte und letztlich zu keinem Ergebnis führte, schien all dies die verantwortlichen Politiker kaum zu kümmern. Sie bestätigten den obersten Strafverfolger für eine weitere Amtszeit. Und die bislang jüngste parlamentarische Initiative, die den internationalen Sportverbänden die Privilegien auf Bundesebene entzogen hätte, wurde in der Rechtskommission des Nationalrats mit siebzehn zu sechs abgelehnt und schließlich zurückgezogen. In der Schweiz haben Sportverbände nichts zu befürchten. Und das wäre der letzte Lehrsatz, den wir bis zur nächsten Repetition auch gleich wieder vergessen können: Korruption findet immer Komplizen.

Das Unglück der Kleinfamilie

An einem Sommerabend erschießt ein Mann in Affoltern am
Albis, einem Dorf in der Nähe Zürichs, seine Frau, die beiden
Söhne und anschließend sich selbst. Die Nachbarn sind so ent-
setzt wie überrascht. Es seien gebildete Leute mit guten Jobs
gewesen, die Frau sympathisch, die Kinder fröhlich. Niemand
habe diese Tat vermutet, und wie immer in diesen Fällen stellen sich alle die Frage, was den Mann zu dieser Tat getrieben
haben könnte.

Eine Nationalrätin der rechtsbürgerlichen Schweizerischen
Volkspartei sprach sich in der parteieigenen Zeitung gegen
staatliche frühkindliche Förderung aus. Sie seien ein Versuch
der Linken, die Fehler in der Migrationspolitik auszubügeln,
denn schwere Gewalttaten würden vor allem von Migranten
verübt, und sie verglich staatliche Erziehungsmaßnahmen mit
der Fremdplatzierung, der sogenannten Verdingung von Kindern.

Zwei Meldungen, die einige Tage die nationalen Schlagzeilen beherrschten, einen kurzen medialen Sturm verursachten
und danach wieder in Vergessenheit gerieten. Zwei Meldungen, die vordergründig nichts miteinander zu tun und doch
einen gemeinsamen Bezugspunkt haben, der seine Aktualität
über den Tag hinaus behalten sollte. Es ist das Bild der Familie, das in unserer Gesellschaft vorherrscht.

Familie ist für die meisten Menschen das Synonym für Geborgenheit, für Sicherheit, Harmonie und Stabilität. Es ist
jene Struktur, die unserer Gesellschaft das Fundament legt,
die geschützt, gefördert und gepflegt werden soll, sie ist die
Keimzelle des Staates. Diese Familie hat hierzulande in aller

Regel die Form der Kleinfamilie. Über die Hälfte der Schweizer Bevölkerung lebt in einem Haushalt mit mindestens einem Kind, und in drei Vierteln der Fälle besteht dieser Haushalt aus dem Ehepaar und ihren gemeinsamen Kindern. Die innerfamiliäre Organisation ist mehr oder weniger vorgegeben. Teure Krippenplätze sorgen dafür, dass ein Elternteil im Haushalt bleibt. Alles andere ist wirtschaftlich unsinnig. Das zusätzliche Einkommen würde von Steuern, Krankenkassenprämien und Fremdbetreuungskosten gleich wieder aufgefressen. Wer von den Eltern zu Hause bleibt, ist ebenfalls festgelegt. In aller Regel ist es die Frau. Es gibt einen Mutterschaftsurlaub von vierzehn Wochen, aber es gibt keine Elternzeit. Nach zwei Wochen hat der Mann wieder auf der Arbeit zu erscheinen. Ob sie es wollen oder nicht, finden sich viele Paare nach einiger Zeit in der klassischen Rollenverteilung wieder. Frau schaut nach den Kindern, Mann verdient das Geld.

Jene, die anders leben möchten, hoffen darauf, dass die Frau mit dem Schuleintritt der Kinder wieder arbeiten geht. Dieses Modell wurde in den fünfziger Jahren entwickelt und teilte das Leben einer erwachsenen Frau in drei Phasen: Ausbildung, Mutterschaft und schließlich der Wiedereinstieg ins Berufsleben. Leider hat dieses Modell nie funktioniert. Für die meisten Frauen bedeutet die Geburt des Kindes den endgültigen Abschied vom Berufsleben. Die Erwerbsquote der Frauen ist in der Schweiz die höchste in Europa, ihr Arbeitsvolumen jedoch weltweit eines der niedrigsten. Frauen arbeiten in der Regel Teilzeit. Für die berufliche Entwicklung ist das Gift. Laut OECD ist es für eine Frau nur in Japan und in der Türkei schwieriger, eine berufliche Karriere zu machen.

Karriere? Auch das ist ein ideologischer Begriff. Er unterstellt, dass eine Mutter, die auf dieser Karriere besteht, Egoismus und Ehrgeiz über das Wohl der Kinder stellt. Tatsächlich geht es um wirtschaftliche Unabhängigkeit. Sie ist die erste Voraussetzung für ein selbstbestimmtes Leben. Mit der Mutterschaft geraten viele Frauen lebenslang in eine finanzielle

Abhängigkeit vom Vater ihrer Kinder. Die Familie wird für sie zur Falle, aus der es kaum mehr ein Entrinnen gibt. Die Frau kann sich nur damit trösten, dass sie in diesem Käfig nicht alleine sitzt. Der Gatte leistet ihr darin Gesellschaft. Und mit jedem Tag, den der Mann mit dem Erwerb und nicht mit der Betreuung der Kinder verbringt, werden die Aussichten auf eine Befreiung kleiner. Jeder Tag, den die Frau nicht erwerbstätig war, wird bei der Scheidung in Rechnung gestellt, und der Mann hat sie für die finanziellen Einbußen zu entschädigen. Schließlich hat die Frau der gemeinsamen Kinder wegen auf ihre Karriere verzichtet. Zudem muss nach der gängigen Gerichtspraxis jener Elternteil, der die Kinder betreut, bis zur Einschulung des jüngsten Kindes überhaupt nicht, danach lediglich zu fünfzig Prozent einer Erwerbsarbeit nachgehen. Und dieser Elternteil ist meistens die Frau. Der Mann hat für ihren Unterhalt zu sorgen. Und wer sich überdies den größten aller bürgerlichen Träume erfüllen und ein Haus oder eine Wohnung kaufen und sich für die nächsten zwanzig oder dreißig Jahre verschulden will, der sollte sich bewusst sein, dass er nicht zuerst ein behagliches Nest, sondern einen Kerker baut, ein Hochsicherheitsgefängnis, das er nur um den Preis des persönlichen Ruins verlassen kann. Trennung, Scheidung? Finanziell unerschwinglich.

Dieses Rollenmodell kettet Menschen gegen ihren Willen aneinander, sie müssen auf Gedeih und Verderb zusammenbleiben, selbst dann, wenn ihre Beziehung längst unerträglich geworden ist und sie sich gerne trennen würden.

Der Wunsch, ein selbstbestimmtes, autonomes Leben zu führen, ist längst in den Köpfen der Schweizerinnen und Schweizer angekommen. Zu oft wird er durch die gesellschaftliche Wirklichkeit verhindert. Das schafft Frustration, Druck und Stress. Nur in den seltensten Fällen kommt es wie in Affoltern am Albis zum Äußersten, aber zum familiären Alltag gehört häusliche Gewalt so verlässlich wie die Weihnachtsfeier und der gemeinsame Sommerurlaub. Und eine Ursache für diese Gewalt liegt darin, dass Menschen in einer gesellschaftlichen Struktur leben müssen, die nicht ihrem Bewusstsein entspricht. Es wäre Zeit, diese Strukturen zu ändern.

Leider befindet sich die Schweiz in Sachen Familienpolitik im Pleistozän. Sie ist eine Frage der Ideologie. Erst seit einer Generation, seit 1988, kennt die Schweiz ein modernes Eherecht. Bis dahin galt das patriarchale Modell. Der Mann bestimmte über die Frau. Er verwaltete ihr Vermögen, bestimmte den Wohnsitz und hatte im Betrieb Anspruch auf ihre unentgeltliche Mitarbeit. Die Frau durfte ohne Zustimmung des Mannes keine Kaufverträge unterzeichnen und erhielt automatisch seinen Familiennamen. Der Widerstand gegen das neue Eherecht wurde von jener Partei angeführt, die sich wenige Jahre später an die Spitze der rechtsbürgerlichen Bewegung setzen sollte und zu der auch unsere Nationalrätin gehört, der Schweizerischen Volkspartei nämlich. Der Kampf gegen die Selbstbestimmung der Frau und gegen alternative Lebensmodelle geht einher mit Ausländerfeindlichkeit, mit der Ablehnung alles Fremden. Der erwähnte Artikel der Nationalrätin ist dafür nur ein weiteres Beispiel. Es ist kein Zufall, dass sie Familienpolitik mit Einwanderungspolitik vermengt und gleichzeitig versucht, die Motive für die administrativen Zwangsmaßnahmen ins Gegenteil zu verkehren.

Tatsächlich wandte sich diese unmenschliche Praxis gegen ledige Mütter, gegen Fahrende, gegen Menschen ohne festen Wohnsitz, gegen all jene, die sich nicht in das bürgerliche Schema fügten. Die Opfer wurden sterilisiert oder kastriert, ohne Gerichtsurteile inhaftiert, sie wurden gegen ihren Willen medikamentös behandelt, ihnen wurden die Kinder weggenommen, oder man bedrohte sie mit dem häufigsten Zwangsmittel, der Bevormundung. Das gesamte Arsenal staatlicher Gewalt wurde eingesetzt, um die Menschen in die einzige mögliche Lebensform zu zwingen: die bürgerliche Kleinfamilie.

Die Nationalrätin der SVP betreibt Geschichtsklitterung. Sie ist nicht allein. Nach einer Phase, in der die schweizerische Öffentlichkeit dieser schrecklichen Geschichte mutig ins Gesicht schaute, der Bundesrat eine Expertenkommission einsetzte und sich dafür bei den Opfern entschuldigte, wird versucht, diese Vergangenheit umzudeuten und die Opfer zu diskreditieren. Die Frau Nationalrätin wurde medial munitioniert. So erschien in der »Neuen Zürcher Zeitung« kurz zuvor ein Artikel, der Ursula Müller-Biondi, die als junge schwangere Frau in der Strafanstalt Hindelbank administrativ versorgt wurde und die durch ihren langjährigen Kampf wesentlichen Anteil an der offiziellen Anerkennung dieses Unrechts hat, als »Berufsopfer« diffamierte. Dieser Artikel steht in einer Reihe von Berichten, die Wissenschaftlerinnen der Unabhängigen Expertenkommission, ihre Methoden und die Ergebnisse ihrer Forschung diskreditieren. Man sollte diesen Versuchen, die Debatte zu ideologisieren, nicht auf den Leim gehen und sich an die Fakten halten.

Das wäre auch im Falle der Familienmorde hilfreich. Ihnen geht oft eine Geschichte der häuslichen Gewalt voraus, und in neunzig Prozent der Fälle sind Männer die Täter. Warum aber fliehen die Frauen nicht vor diesem Terror, bevor es zu spät ist? Die Antwort ist banal: weil sie es sich wirtschaftlich nicht leisten können. Die Struktur der Kleinfamilie mit dem klassischen Rollenmodell verhindert ihre Flucht. Wer nicht in der Lage ist, die eigene Existenz zu finanzieren, kann keine freien Entscheidungen treffen. Um dieses Übel zu bekämpfen, sollte man sich fragen, welche sozialen Voraussetzungen ihm zugrunde liegen, und den Menschen, die Kinder wollen, die Möglichkeit geben, in gleichberechtigten Partnerschaften zu leben, und sie nicht in das Gefängnis der Kleinfamilie zwingen.

Natural Selection

Vieles ist traurig, aber wenig ist so traurig wie ein Mann in seinen besten Jahren mit einem Noise-Cancelling-Kopfhörer auf den Ohren. Da steht er etwas abseits im morgendlichen Gedränge. Auf dem Gesicht ein entrücktes Lächeln. Der Blick ist nach innen gewendet, sein Körper ohne Spannung. Kein Wunder: Er befindet sich in einer anderen Dimension, getrennt vom Rest der Welt, ein Astronaut in einer schalldichten Raumkapsel.

Die anderen Menschen bemerkt er nicht. Spürt nicht, was sie tun, weiß kaum, wo er sich befindet. Das Zugabteil ist sein Wohnzimmer, wo er ungestört eine Serie schauen kann, seine Küche, wo er das Nasi Goreng vom Take-away verschlingt. Für sein Schmatzen und die anderen Körpergeräusche schämt er sich nicht, warum auch, er kann sich selbst nicht mehr hören. Gibt er Antwort? Atmet er? Ansprechbar ist er jedenfalls nicht. Auch Schreien würde nicht helfen. Wie ein Lotse auf der Landebahn dem Piloten müsste man ihm Zeichen geben, damit er reagiert. Ja, ein ortloser, ein verlorener Mensch. Und ein Sinnbild unserer Zeit, ein Ausdruck dessen, woran das einundzwanzigste Jahrhundert leidet. Geräuschunterdrückende Kopfhörer zeugen von Isolation und Uniformierung, zwei große Gefahren für eine freie Gesellschaft, und ihr Erfinder, ein amerikanischer Ingenieur namens Lawrence J. Fogel, steht exemplarisch für eine Ideologie, die uns Zeitgenossen gefangen hält.

Um zu verstehen, wie es so weit kommen konnte, dass ein Mensch sich freiwillig des Gehörsinnes beraubt und von seiner Umwelt abkapselt, muss man in der Zeit zurückgehen. Im vergangenen Jahrhundert prägten zwei Weltkriege und der nachfolgende Kalte Krieg das Menschenbild. Wir sind die Kinder und Enkel einer Kultur, die den Menschen zuerst als Soldaten begriff.

Um einen Zivilisten in einen Soldaten zu verwandeln, muss man seine Persönlichkeit zerstören. Die Armee uniformiert seine Kleider, die Ausrüstung, seine Sprache, die Gedanken und seine Gefühle. Nur so wird er ohne nachzudenken jeden Befehl ausführen. Die erste und wichtigste Maßnahme zur Erreichung dieses Ziels ist die Trennung des zukünftigen Soldaten von seiner gewohnten Umwelt. Man sperrt den Rekruten in eine Kaserne. Mit seiner Familie und seinen Freunden soll er keinen Umgang haben. Sie erinnern ihn an seine Herkunft, seine Bindungen, an die alte Identität. Entscheidend ist die Informationskontrolle. Jede Idee, die ihn zweifeln lässt und seinen Gehorsam gefährdet, muss ausgeschaltet werden.

Mit dem technologischen Fortschritt kamen die Befehle seltener von menschlichen Vorgesetzten, dafür häufiger von Maschinen. Und je komplexer die Maschine, umso rigider die Kontrolle und Kanalisierung der Information. Der Psychologe Franklin V. Taylor publizierte im Jahr 1957, mitten im Kalten Krieg, eine Studie unter dem Titel »Psychology and the Design of Machines«. Darin beschreibt er den Soldaten als Operator, der ganz im Dienst der Maschine steht. Die Bedienung von Kampfjets erfordert die vollständige Trennung von der Umwelt und die totale Verschmelzung des Piloten mit seiner Maschine. Doch einerlei, ob sie die Lösung einer Gleichung oder bloß das Drücken eines Knopfes verlangt: Die Maschine befiehlt, der Mensch folgt.

Wenn ein Flugzeug zum Beispiel eine Wolkenbank durchquert und der Pilot keine Möglichkeit hat, sich an einem fixen Punkt zu orientieren, ist es entscheidend, dass er nicht seiner Intuition, sondern dem künstlichen Horizont, den Instrumenten, der Maschine vertraut. Er muss seine Instinkte verraten und zu einem Teil der Maschine werden.

Geräuschunterdrückende Kopfhörer wurden in diesem Umfeld entwickelt. Lawrence J. Fogel, geboren 1928 in Brooklyn, New York, arbeitete nach seinem Ingenieur-Studium für die US-Navy, wo er sich an der Entwicklung von »Regulus«, dem ersten seegestützten, atomwaffenfähigen Marschflugkörper beteiligte. Später stellte er sich in den Dienst der Waffenschmiede Convair, erfand das »Kinalog«, ein neuartiges Navigationssystem, und im Jahr 1954 meldete er das Verfahren der Geräuschunterdrückung zum Patent an, im Grunde eine einfache Technik. Schall besteht aus Druckwellen. Ein Mikrofon misst den Umgebungslärm, danach wird eine Interferenz produziert, und ein identischer, phasenverschobener Gegendruck neutralisiert die Schallwellen. Tiefe Töne werden beinahe restlos, hohe zu einem großen Teil eliminiert.

Ziel war nicht der Komfort des Piloten, sondern die Verbesserung der sogenannten Signal-to-noise ratio, das Verhältnis zwischen erwünschter und störender Information. Störend sind in diesem Zusammenhang die direkten, ungefilterten Geräusche, jene, die die Maschine durch ihren Betrieb unabsichtlich produziert. Erwünscht hingegen ist jede Information, die das System dem Piloten übermitteln will.

Nach einigen Jahren beim Rüstungsmulti General Dynamics, der unter anderem das Kampfflugzeug F-16 und das Einsatzfahrzeug Mowag herstellt, gründete Fogel eine eigene Firma. Sie besteht bis heute und hat ihren Sitz in San Diego. Ihr Name? Natural Selection. Das ist kein Zufall.

Der Ingenieur verfolgte die Idee, die evolutionären Prinzipien auf Computerprogramme anzuwenden. Fitness und Auslese waren die wichtigsten Parameter seiner Algorithmen. Die Software sollte sich selbst optimieren, eine eigene, künstliche Intelligenz entwickeln. Ursprünglich für den Luftkampf entwickelt, wurde seine Technik später auf alle möglichen Systeme, militärische, ökonomische und wissenschaftliche angewandt. Heute bietet die Firma Natural Selection ihre Lösungen zynischerweise gleichzeitig der Gesundheits- und der Rüstungsindustrie an, jenen, die heilen und jenen, die töten wollen.

Die Verbindung von militärischen und evolutionären Methoden ist für unsere Zeit typisch. Fitness und Isolation, die Verschmelzung mit den Maschinen, die ständige Angst, ausgemustert zu werden – dies gehört zum Grundgefühl im einundzwanzigsten Jahrhundert. Die Zurichtung des Menschen zu einem Soldaten, zum Krieger, ist weit gediehen. Selbstoptimierung, die Vermessung der Lebensfunktionen, die Feier der Disziplin als Schlüssel zum Erfolg, dazu unaufhörliche Evaluationen in der Wirtschaft und den Behörden: Dies alles sind Symptome dieser Entwicklung.

Zum Horchen gehört das Gehorchen. Wer sich einen Noise-Cancelling-Kopfhörer aufsetzt, gehorcht der Maschine und nicht den Bedürfnissen seiner Umwelt. Er funktioniert im Sinne ihrer Logik, nicht nach den Maßstäben des menschlichen Zusammenlebens.

Wir erleben eine Erosion der demokratischen Strukturen, auch weil wir die anderen Menschen häufig als Gegner, als Konkurrenten begreifen, nicht als *Angehörige*, die man hört und denen man zuhört.

Wer sich also einen solchen Kopfhörer besorgen will, der möge daran denken, dass er sich Kriegsmaterial aufsetzt. Er muss es betrachten wie Handgranaten und Maschinengewehre. Er zerstört keine Körper, sondern soziale Strukturen. Und wer den Mann in seinen besten Jahren sieht, sollte sich vergegenwärtigen, dass er einen Operator, einen Soldaten vor sich hat. Sein Anblick? Traurig gewiss, aber davon darf man sich nicht täuschen lassen. In erster Linie sind Soldaten nämlich gefährlich.

Dark Mode

Die Urlaubszeit war auf ihrem Höhepunkt, der Sommer hatte seinen Kulminationspunkt bereits überschritten, aber es gab keinen Grund, deswegen in Kummer und Trübsinn zu verfallen. Der kommende Herbst verhieß Großes. Wir durften uns auf Innovationen freuen, die unser Leben einfacher, abwechslungs- reicher und vor allem unterhaltsamer machen würden. Apple brachte das neueste Betriebssystem für das iPhone auf den Markt.

Es nannte sich iOS 13, und neben vielen kleinen Verbesse- rungen, etwa neuen Lichteffekten für die Porträtkamera, mehr Ordnung im Mail-Postfach oder einer Online-Ausweisfunkti- on, durften wir uns auf eine bahnbrechende Erfindung freuen: Das neue Betriebssystem würde uns endlich mit Memojis beglücken.

Man erinnere sich: Es begann vor einigen Jahren mit den Emojis, kleine Bilder, die man in die Kurznachrichten einfügen konnte, um ohne Worte seinen Gefühlszustand auszudrücken. Die nächste Entwicklungsstufe waren die Animojis, nichts anderes als animierte Emojis. Dank ihnen wurde es möglich, Stimmungswechsel darzustellen. Fanden wir nicht schon da, dass sich die technologische Entwicklung endlich unserem wahren Sein näherte, unsere komplexen Persönlichkeiten im- mer besser darzustellen vermochte?

Und nun der nächste Schritt auf dem Weg zur Vollkom- menheit. Die Memojis waren nicht nur animiert, nein, sie waren personalisiert. Man schaltete die Kamera ein und, oh Wunder!, Tiere, zum Beispiel Schweinchen und Hundewel- pen, übernahmen unsere Mimik. War man verblüfft, riss das Ferkel die Augen auf, war man betrübt, reagierte der Welpe mit dem bekannten Hundeblick.

Der Sommer ist eine schlechte Zeit für Miesmacherei, die Urlaubszeit ist schließlich zur Entspannung da – und trotzdem muss es gesagt sein: Wie jede Innovation hatte auch dieses Killerfeature eine Kehrseite. Und die betraf in diesem Falle dreihundert Millionen Konsumenten, anders gesagt die gesamte Menschheit oder, um es präziser auszudrücken: Wie viele andere Erfindungen schaffte iOS 13 selbst jenen Generationen ein Problem, die noch gar nicht geboren waren.

Das liegt an der Methode, mit der diese und ähnliche Innovationen angetrieben und erst möglich werden. Es ist ein Verfahren, das der gewöhnliche Mensch in aller Regel zu vermeiden versucht. Es ist die absichtliche, einkalkulierte und provozierte Abweichung von der Regel, oder, um es einfacher auszudrücken, der Fehler.

Um in einem Wettbewerb zu bestehen, müssen Fehler gemacht werden. Genau in dieser Logik erläuterte vor kurzem ein erfolgreicher Uhrenindustrieller die Fehlerkultur in seinen Betrieben. Für kleine Fehler würden seine Mitarbeitenden eine kleine, für einen großen Fehler eine große Belohnung erhalten.

Das mutet im ersten Augenblick widersinnig an. Welches Interesse kann ein Arbeitgeber daran haben, dass seine Angestellten Fehler begehen? Schließlich, und das bekennt dieser Unternehmer ebenfalls, will er stets einen höheren Profit erzielen, und jeder Fehler verursacht ohne Zweifel zuerst Kosten. Ist dieser Mann verrückt geworden? Wenn man die sprudelnden Gewinne seines Konzerns betrachtet, muss man diese Frage mit Nein beantworten. Tatsächlich handelt dieser Mann in einer gewissen Logik völlig rational. Diese Logik heißt Wettbewerb. Wer im Wettbewerb bestehen will, muss unablässig Innovationen auf den Markt bringen. Und deshalb muss er Fehler provozieren. Dies hat er von der Evolution gelernt, dieser ultimative Wettbewerb, in dem nur die Tüchtigsten überleben. Evolution wird erst durch Fehler möglich, und der Name für diese Fehler lautet hier Mutation.

Wir kennen zwei verschiedene Arten der Zellteilung, die

Mitose und die Meiose. Bei der Mitose wird der Chromosomensatz verdoppelt. Die beiden neuen Zellen sind perfekte Klone. Im Falle der Meiose hingegen wird die Geninformation geteilt, jede neue Zelle erhält eine Hälfte. Dies ist für die geschlechtliche Fortpflanzung nötig, denn sonst würde der Chromosomensatz mit jeder Generation dupliziert.

Sowohl bei der Mitose wie bei der Meiose können sich Fehler einschleichen. Im ersten Fall ist nur das Individuum davon betroffen. Es erkrankt, zum Beispiel an Krebs. Mit seinem Tod verschwindet auch der Fehler. Anders bei der Meiose. Jeder Fehler, der hier auftritt, hat nicht bloß Folgen für das betreffende Individuum, die Mutation wird an sämtliche Nachkommen weitergegeben. Meist sind diese Folgen unangenehm bis tödlich. Dann nennt man sie Erbkrankheiten. In seltenen Fällen aber ermöglichen diese Fehler der Population eine bessere Anpassung an die Umwelt – und damit einen evolutionären Vorteil. Mit einem längeren Hals kommt man leichter an die Blätter, eine zusätzliche Feder bringt Vorteile in der Aerodynamik, und ein abgespreizter Daumen greift die Beute oder das Werkzeug besser. Wer einen Vorteil besitzt, vermehrt sich leichter, der Vorteil wird weitergegeben, und wer nicht über ihn verfügt, scheidet über kurz oder lang aus dem Rennen aus.

Was für die Evolution der Fall ist, gilt ähnlich für den wirtschaftlichen Wettbewerb. Und deshalb handelt der Unternehmer klug, wenn er Abweichungen von der Regel fördert. Denn unter neunundneunzig Fehlern befindet sich vielleicht jener Vorteil, der seiner Unternehmung den entscheidenden Vorteil verschafft. Und die Ressourcen, die bei den neunundneunzig fehlerhaften Versuchen aufgewendet wurden? Die Arbeits- und Lebenszeit der Mitarbeitenden? Das Material? Die Energie? Alles verloren.

Der Unternehmer wird eine Kalkulation erstellen, und solange die Kosten für den Ausschuss nicht höher sind als der

Gewinn, der mit der Innovation erreicht wird, geht seine Rechnung auf.

Aber leider nur seine Rechnung. Es entstehen Kosten, für die er nicht einstehen muss, die er, wie es in der Fachsprache heißt, externalisiert. So müssen die Unternehmen nicht vollumfänglich für die Umweltschäden aufkommen, die bei der Produktion entstehen. Und gar nicht zu reden von den zukünftigen Generationen, denen die aufgewendeten Ressourcen nicht zur Verfügung stehen werden. Diese Kosten werden niemals in Rechnung gestellt, und nur deshalb kann sich der Unternehmer seine Fehler leisten. Solange die Regeln in diesem Wettbewerb nicht verändert werden, hat die Wirtschaft keinen Grund, etwas zu ändern. Wenn der Konsument für die tatsächlichen Kosten aufkommen müsste, dann würde Innovation bloß eine untergeordnete Rolle spielen. Langlebigkeit, Stabilität und die Möglichkeit, defekte Geräte zu reparieren, würden zum entscheidenden Kriterium.

Innovation findet ihre Begründung im Wettbewerbsprinzip. Es ist dieses Prinzip, das unsere Zeit kontrolliert, jenes Prinzip, das von sämtlichen Parteien, ob links oder rechts, verteidigt wird. Die Volkswirtschaften, die Unternehmen stehen in einer Konkurrenz, bis hinunter zum einzelnen Menschen herrscht ein gnadenloser Wettbewerb, und nur jene überleben, die sich in diesem Rennen einen Vorteil verschaffen. Das ist zu rechtfertigen, solange diese Innovationen einen Vorteil bringen. Das erste iPhone, das im Jahr 2007 auf den Markt kam, hat die Gesellschaft revolutioniert und das Leben vieler Menschen verändert. Für alle nachfolgenden Modelle gilt das nicht annähernd.

Und trotzdem benutzt niemand mehr ein zwölf Jahre altes Smartphone. Im Herbst 2019 landeten dreihundert Millionen weitere iPhones im Müll. Für die Modelle der Generationen 7 und 8 war das neue Betriebssystem nicht verfügbar, sie erhielten keine Updates und wurden ausgemustert. Der evolutionäre Fortschritt hatte sie für untauglich erklärt. Und dabei waren die jüngsten dieser Smartphones zu jenem Zeitpunkt gerade vier Jahre alt. Hochkomplexe, extrem potente und funktionstüchtige Maschinen – nur noch Schrott, die aufgewendeten Ressourcen verloren. Es ist zu befürchten, dass der Lebenszyklus der nächsten Smartphones noch kürzer und der Unterschied zu den folgenden Modellen noch kleiner sein wird. Denn diese Entwicklung verläuft asymptotisch. Jede weitere Neuerung bringt nur eine graduelle Verbesserung, verursacht aber immer höhere Kosten. Und wozu? Damit wir Schweinchen und Welpen mit unseren Gesichtszügen verschicken können.

Und dabei hätte es Hoffnung gegeben. Das neue Betriebssystem brachte eine Neuerung, die uns daran hätte erinnern können, dass wir unsere knappen Ressourcen besser und sinnvoller einsetzen sollten, als sie für vollkommen überflüssige Innovationen zu verschleudern. Eine Funktion, die uns mahnte, dass es immer jemanden gibt, der für begangene Fehler bezahlt und wir uns eine andere Methode suchen sollten, um die Gesellschaft weiterzubringen, damit wir, die vermeintlichen Sieger in diesem Wettbewerb, nicht plötzlich zu den Verlierern gehören und ausgemustert werden. Die wichtigste Innovation im neuen Betriebssystem, lange erwartet, bereits verfügbar auf Laptops und dort beliebt, weil dem Zeitgeist entsprechend, war nämlich der Dark Mode.

Die Erlösung durch Dörrobst

Stress ist ein Gesundheitsrisiko, er macht krank und unglücklich. Doch sind wir ihm nicht hilflos ausgeliefert. Eine erfolgreiche Methode ist die sogenannte »Mindfullness-Based Stress Reduction«, die Stressreduktion durch Achtsamkeitspraxis. Die Wirksamkeit wurde in zahlreichen wissenschaftlichen Studien belegt, ihre Heilkraft ist mittlerweile unbestritten. Menschen, die sich in ihr üben, sind ausgeglichener und leistungsfähiger. Ihr Immunsystem wird gestärkt, und sie haben mehr Freude am Leben. Wenn selbst die größte Krankenkasse der Schweiz eine Kampagne zu ihrer Verbreitung startet, dann kann man endgültig davon ausgehen, dass die Sache Hand und Fuß hat. Eine Versicherung verfolgt schließlich finanzielle, keine weltanschaulichen Ziele. Menschen gesund zu halten, liegt in ihrem wirtschaftlichen Interesse.

Die Gründe für Stress sind vielfältig. Die Wirtschaft, die Politik, die Umwelt, nicht selten auch das Privatleben – das alles ist gründlich durcheinandergeraten, und man versteht jeden, der in diesem Tumult seinen inneren Frieden sucht und sich der Achtsamkeitspraxis zuwendet. Zu ihrer Wirksamkeit gesellt sich der Vorteil der geringen Kosten. Alles, was man braucht, um sich mit ihr zum ersten Mal vertraut zu machen, ist eine Rosine.

Dieser ganz gewöhnlichen getrockneten Weinbeere widmet man nun für einige Minuten seine ungeteilte Hirnleistung. Dabei mag man sich gewahr werden, dass dieses wundersame Ding von seltsamen Furchen durchzogen ist und dass diese Furchen unter Umständen ein hübsches Muster bilden.

Dieses Muster sollte man einen Moment studieren. Das Erstaunen wird noch wachsen, sobald man vom visuellen zum olfaktorischen Eindruck wechselt, die Rosine an die Nase hält und feststellt, wie ungemein vielfältig die Geruchsnoten einer Weinbeere sein können. Die Effekte dieser Übung sind ganz erstaunlich. Man hört tatsächlich von Menschen, deren Weltsicht sich im Moment, da sie sich in einem finalen Akt die Weinbeere auf die Zunge legten, schlagartig änderte. Die Geschmacksexplosion habe ihnen das Wunder des Universums offenbart.

Es wäre billig, sich darüber lustig zu machen. Was ist schlecht daran, sich an den kleinen Dingen des Alltags zu erfreuen, und sei es nur eine Rosine? Und was ist falsch daran, auf die großen Probleme, die uns täglich das Leben zur Hölle machen, mit einem Lächeln zu antworten?

Ohne Zweifel, Achtsamkeit funktioniert. Aber leider ist das kein Grund zur Freude, im Gegenteil, es ist Anlass zu größter Sorge. Gerade ihre Tauglichkeit und ihre Verbreitung sollten einen modernen Menschen erschrecken. Achtsamkeitspraxis ist ein Problem, keine Lösung, und man kann ohne Übertreibung feststellen, dass ihr Erfolg für manches steht, das die Fundamente unserer Gesellschaft bedroht.

Wie schreibt doch die Stressexpertin auf der Kampagnen-Website der Krankenversicherung? »Lernen Sie zu unterscheiden zwischen den Belastungen, die beeinflussbar sind, und jenen, die es nicht sind. Es gibt nun mal einfach äußere, auch durch die Gesellschaft bedingte Belastungen, welche der Einzelne nicht wirklich beeinflussen kann. Darum ist es wichtiger, sich auf die inneren Belastungen zu konzentrieren.«
Wer in der philosophischen Literatur etwas bewandert ist, wird sich bei diesen Sätzen an Epiktet erinnern, der vor beinahe zweitausend Jahren in seinem »Handbüchlein der Moral«

ähnliche Vorschläge macht. »Von den Dingen«, schreibt er da, »stehen die einen in unserer Gewalt, die anderen nicht. In unserer Gewalt steht unser Denken, unser Tun, unser Begehren, unsere Abneigung, kurz: alles, was von uns selber kommt.«[1] Klingt genau wie die Grundlage zur Achtsamkeitspraxis. Und wer könnte dieser Einsicht widersprechen? Niemand ist allmächtig, und allzu oft wird man sich durch ein Unglück oder eine Krankheit seiner eigenen Ohnmacht bewusst.

Etwas stutzig wird man vielleicht erst bei den nächsten Sätzen dieses erstaunlichen Philosophen: »Nicht in unserer Gewalt steht unser Leib, unsere Habe, unser Ansehen, unsere äußere Stellung.« Das ist seltsam. So völlig hilflos, wie Epiktet behauptet, erleben wir uns hoffentlich nicht. Und doch vertritt er damit nur eine Haltung, die der Achtsamkeitspraxis zugrunde liegt: Kümmere dich nicht zuerst um deine Umwelt, kümmere dich um deine Gefühle und um deine Atmung!

Jedes Denken ist ein Spiegel der politischen Verhältnisse. Epiktet war ein Vertreter der Stoa, einer einflussreichen philosophischen Schule im Griechenland und Rom der Zeitenwende. Die Stoa erklärte die Kontrolle der inneren Welt zum höchsten Ziel eines Menschen. Epiktet geht dabei weit, sehr weit. Wer seinen ganzen Besitz verliere, solle sich nicht grämen, und man dürfe selbst dann nicht traurig sein, wenn einem das eigene Kind oder die Ehefrau durch den Tod entrissen werde. All dies sei nur geliehen, man habe es durch den Verlust einfach zurückgegeben. Das klingt extrem, aber für Epiktet und seine Zeitgenossen war dies eine alltägliche Erfahrung. Er selbst war Sklave und wurde unter der Herrschaft des Nero geboren, der letzte Kaiser jener Dynastie, die Augustus begründet hatte. Dieser Despot hatte mit der römischen Republik aufgeräumt, den Senat entmachtet und eine Alleinherrschaft errichtet. Wer nicht auf seiner Seite war,

---

1 Epiktet: Handbüchlein der Moral, Stuttgart: Kröner Verlag, 1987, S. 21.

wurde auf die Proskriptionslisten gesetzt, was nichts anderes bedeutete, als dass er und seine Familie umgebracht wurden und das Eigentum unter die Willfährigen verteilt wurde. Jeder Versuch, die gesellschaftlichen Verhältnisse zu verändern, war zur Zeit Epiktets lebensgefährlich, und die Stoa wurde zu einer Möglichkeit, einen Weg aus der eigenen Ohnmacht zu finden. Wer nicht glaubt, Einfluss auf die Welt nehmen zu können, der wird sich in die Gestaltung seiner Innenwelt flüchten.

Zugegeben: Obwohl ihre Lehren von Epiktet abgeschrieben sein könnten, berufen sich die wenigsten der Achtsamkeitsapostel auf den alten Römer. Jon Kabat-Zinn, der einflussreichste unter ihnen und übrigens Erfinder der Rosinenübung, bezieht sich vor allem auf den Zen-Buddhismus. Dessen Geschichte weist allerdings viele Parallelen mit der Stoa auf. Wie sie erlebte Zen seine Blüte als Ideologie einer totalitären Herrschaft, einer Militärdiktatur, um genau zu sein. In der Zeit der japanischen Shōgune lag die Macht bei den Soldaten, den Samurai. Ihr Machtmittel war nicht die Politik, sondern der Krieg. Schwertkampf ist eine blutige Angelegenheit und verursacht natürlicherweise Stress; sein Abbau ist eine notwendige Strategie, um im Gemetzel einen möglichst kühlen Kopf zu bewahren. Hier bewährt sich die Achtsamkeitspraxis ganz vorzüglich. Eine gewisse Unempfindlichkeit gegenüber äußeren Eindrücken hilft beim Aufschlitzen der Gedärme seines Gegners.

Zen-Buddhismus und Achtsamkeitspraxis verbinden sich ganz vorzüglich mit totalitären Ideen. Eines der erfolgreichsten Bücher in diesem bestimmten Genre und bis heute in vielen Buchhandlungen vorrätig, ist »Zen in der Kunst des Bogenschießens« und stammt von Eugen Herrigel, geboren 1884, seines Zeichens Japanologe und Mitglied der NSDAP. Er war mit Karlfried Graf Dürckheim befreundet, ein deutscher Diplomat und ebenfalls ein überzeugter Nazi. Herrigel und Dürckheim sind wesentlich für die Verbreitung von Zen und damit der Achtsamkeitspraxis im Westen verantwortlich. Dürckheim war ein Veteran des Ersten Weltkrieges, was seine Vorliebe für Zen erklärt. Selbst die unerträglichsten Grausamkeiten mit Gleichmut zu ertragen, ist auch im Westen eine soldatische Notwendigkeit. Und eine gewisse Unempfindlichkeit ist auch heute, im entfesselten Kapitalismus, eine hilfreiche Kompetenz, um in den täglichen Kämpfen zu bestehen.

Die Resignation, die Weltflucht, die im Achtsamkeitskult zum Ausdruck kommen, sind deshalb gleichzeitig Symptom und Ursache der gegenwärtigen Krise. Wer mit dieser erwähnten Stressexpertin die Meinung teilt, dass die Gesellschaft nicht verändert werden kann und man den Stress, der ihre Widersprüche und Zumutungen produzieren, durch geistige Übungen und nicht durch gemeinsames, also politisches Engagement, bekämpfen soll, kann letztlich kein Demokrat sein. Demokratisches Engagement bedeutet, in die Welt hinauszutreten und an die Möglichkeit zu glauben, dass die Gesellschaft verändert werden kann. Wer sich von den Mitmenschen isoliert, wer sich die meiste Zeit des Tages nur auf seinen Atem konzentriert, sollte sich vielleicht fragen, warum er außer Atem ist und was die Ursache für seinen Stress sein könnte. Und falls er darauf kommt, dass es nicht an seiner falschen Einstellung, sondern an den gesellschaftlichen Verhältnissen liegt, sollte er sich vielleicht, bevor er die nächste Weinbeere lutscht, einmal die Frage stellen, ob er sich nicht aus seiner Vereinzelung befreien sollte. Er könnte sich mit anderen Gestressten zusammenschließen und es wagen, diese Welt zu verändern, die ihn nicht nur stresst und krank macht, sondern zusätzlich so verblödet, dass er sich sein Heil in der kultischen Anbetung von Dörrobst erhofft.

Jeder liest für sich alleine

Wie brüchig der Zusammenhalt in unserer Gesellschaft geworden ist, merke ich, wenn ich an der Kunsthochschule unterrichte. Obwohl die Studierenden ähnliche Bildungswege hinter sich haben, findet sich trotzdem selten ein Roman, eine Erzählung oder ein Gedicht, das alle kennen. Gelesen wird durchaus, aber jeder bezieht sich auf andere Werke, eine gemeinsame Lektüreerfahrung fehlt.

Das ist kein Wunder. In der Volksschule haben meine Kinder nie von Elias Canetti gehört, obwohl dieser bedeutende Romancier und Nobelpreisträger in unserem Quartier zu Hause war. Es liegt nicht an Canetti. Max Frisch, der ein paar Straßen weiter geboren und aufgewachsen ist, fehlt im Schulstoff ebenso wie Gottfried Keller, Bertolt Brecht oder Else Lasker-Schüler, die hier gelebt, gearbeitet und mit ihren Werken die deutschsprachige Literatur geprägt haben. Den Deutschunterricht unserer Kinder kümmert das nicht und er geht über diese Schriftsteller hinweg.

Ein Anruf im Volksschulamt bestätigt den Befund und zeichnet das Bild klarer. Eine Liste empfohlener Literatur existiert nicht. Es gibt kein verbindliches Lesebuch mehr. Die Lehrer sollen mit ihren Schülern lesen, was sie wollen. Es muss nicht einmal Literatur sein, auch Sachtexte dürfen erörtert werden.

Bei der Suche nach den Ursachen für diese erstaunliche Bildungspolitik lande ich dort, wo man jede Hoffnung fahren lässt, beim sogenannten Lehrplan 21. Seit 2019 ist er für die Volksschule in sämtlichen deutschschweizer Kantonen verbindlich. Es ist eine freudlose Lektüre, fünfhundert Seiten in einer Prosa, die keine Menschen, sondern Maschinen als Verfasser vermuten lässt.

Der Lehrplan ist ein Übel, übler allerdings sind seine Gegner: Reaktionäre Sektierer, frustrierte Schulmeister und Verschwörungstheoretiker, die einer globale Elite unterstellen, unsere Kinder einer Gehirnwäsche unterziehen zu wollen. Dazu gesellen sich eifrige Erziehungswissenschaftler, die unter Aufbietung des gesamten akademischen Rüstzeugs haarklein nachweisen, weshalb der Kompetenzbegriff, pièce de résistance der modernen Pädagogik, den Untergang der westlichen Kultur bedeute. Das tut er nicht. Der Lehrplan 21 ist wie seine Vorgänger bloß Ausdruck des Zeitgeistes. Die Geschichte seiner Entstehung sollte uns trotzdem beunruhigen.

Im Bildungsartikel, den die Schweizer Bevölkerung im Jahr 2006 bei einer niedrigen Stimmbeteiligung mit überwältigender Mehrheit guthieß, erhielten die Kantone den Auftrag, ihre Schulsysteme zu harmonisieren. Darauf machte sich eine Expertengruppe an die Arbeit. Aber in jenen Jahren beschäftigte sich die Bevölkerung mit anderen Themen. Delinquente Ausländer und eine Handvoll Minarette waren den Schweizerinnen und Schweizern wichtiger als die Bildung der eigenen Kinder. Es gab kaum eine Debatte. Die Digitalisierung erlebte eine ungeheure Beschleunigung. Mit dem iPhone, das 2007 auf den Markt kam, wurde das Internet mobil. Die klassischen Medien gerieten unter Druck, soziale Medien bestimmen seither den Alltag. Keine dieser Entwicklungen wurde im Zusammenhang mit dem Lehrplan 21 diskutiert. Die Auseinandersetzungen wurden höchstens regional geführt, eine Folge der föderalen Struktur. Die Bildung blieb in der Hoheit der Kantone. Und weil sich folglich mit Lehrplänen keine nationale Karriere lancieren lässt, kümmerten sich nur Politiker der zweiten und dritten Reihe um den neuen Lehrplan. Die Experten verloren sich in Spiegelfechtereien. Eine landesweite, fundierte Debatte über die Grundsätze der Pädagogik im Zeitalter der dritten industriellen Revolution kam nie zustande.

Deshalb kennt niemand den Namen Heinrich Roth, obwohl die Theorien dieses Pädagogen unsere Gesellschaft entscheidend beeinflussten. In den sechziger Jahren des letzten Jahrhunderts leitete Roth ein, was man später die empirische Wende nennen sollte. Bis dahin war die Pädagogik geisteswissenschaftlich geprägt gewesen. Das Augenmerk lag auf der kulturellen Herkunft der Schüler, auf der Beschäftigung mit der eigenen Geschichte. Roth und seine Nachfolger verlangten härtere, messbare Methoden. Der technologische Fortschritt kam ihnen zu Hilfe. Dank der Computer wurde es möglich, große Gruppen von Kindern miteinander zu vergleichen, zu untersuchen, was sie vom Unterricht behalten konnten. Zum Erbe von Roth gehören die Bologna-Reform, die Pisa-Studien und eben auch der Lehrplan 21.

Heinrich Roth hätte sich nicht träumen lassen, wie weit die Vermessung des Menschen gehen würde. Smartphones zählen unsere Schritte und orten uns an jedem Punkt der Welt. Selftracker registrieren die Herzschläge und die nächtlichen Schlafphasen. Die Daten vermessen den Menschen vollständig. Aber über die Welt, in der er sich bewegt, erzählen sie nichts. Sie haben keine geschichtliche Perspektive.

Soziale Gruppen berufen sich auf gemeinsame Erfahrungen, je mehr es sind, umso enger die Bindung. Mit meiner Familie teile ich viele Geschichten, mit den Nachbarn nur wenige. Mit der Zahl der Erzählungen nimmt die Bindung ab, doch damit eine Gesellschaft funktionieren kann, braucht es einen gemeinsamen Bestand. Die bürgerliche Kultur nannte diesen Bestand gemeinsamer Geschichten Kanon. In einem komplexen Verfahren schied die Gesellschaft das Wesentliche vom Unwesentlichen und bestimmte, welche Werke auf dem Müllhaufen der Geschichte landeten und welche eine ewige Heimstätte in den Museen und Bibliotheken bekamen. Umstritten war dieser Kanon immer. Man stritt sich leidenschaftlich, ob ein Buch Kunst oder Schund ist – und dadurch entstand eine ununterbrochene Auseinandersetzung, ein gesellschaftliches Gespräch. Daran bildete sich die gemeinsame Identität, entstand eine gemeinsame Erfahrung, die von Generation zu Generation weitergereicht wurde.

Das alles ist von gestern. Heute bestimmt jeder selbst, was er für wichtig hält. Die Schule, die größte und wichtigste soziale Einrichtung unserer Gesellschaft, schafft keine Verbindlichkeit mehr. Der Lehrplan 21 verzichtet in den geisteswissenschaftlichen Fächern auf Angaben zu den Stoffen, die er für wesentlich hält. Er bestimmt nur, wie etwas gelernt werden kann; welche Inhalte erörtert werden sollen, bleibt unerwähnt. Der Lehrplan 21 zeigt, wie Karte und Kompass benutzt werden, aber eine Richtung gibt er nicht vor. Die Orientierung bleibt den Schülern überlassen. Die Schule soll frei sein von Ideologien, von politischen oder weltanschaulichen Ideen. Allerdings gibt sie auch die Deutungshoheit ab und verzichtet darauf, gemeinsame Erfahrungen zu stiften. Jeder rennt in eine andere Richtung, aber Orientierung suchen die Menschen auch im digitalen Zeitalter. Sich in der Welt zurechtzufinden ist eine existenzielle Bedingung. Und weil die Schule keine Kriterien zur Verfügung stellt, um das Wesentliche vom Unwesentlichen zu trennen, suchen sich die jungen Menschen anderswo ihre Maßstäbe. Dabei verfallen sie häufig auf Interessen, die andere Absichten haben, als den Geist zu einem freien, verantwortlichen Subjekt zu formen, so wie das die öffentliche Schule, immerhin eine Errungenschaft der Aufklärung und der formulierte Anspruch des Lehrplans 21, zum Ziel hat. Bis jetzt wird der Kanon des digitalen Zeitalters nicht durch Argumente und offene Diskurse, sondern durch Manipulation und Algorithmen entwickelt.

Noch begnügen sich viele damit, den Verlust an klassischer Bildung zu beklagen, und singen die alten Lieder, solange, bis der Letzte im Chor gestorben sein wird. Die technologische

Revolution mustert gnadenlos aus, was sie für entbehrlich hält. In diesem Prozess spielt der Status keine Rolle; allein die Erfahrung zählt, die jemand mit einem Werk verbindet. Die alten Kriterien gelten nicht mehr. Wir dürfen wieder begründen, warum ein Roman, ein Film, ein Gemälde wertvoll ist und verbindlich bleiben sollte. Das alles hätte man mit dem Lehrplan 21 diskutieren können. Dafür ist es zu spät. Was an der Debatte nicht in ideologischen Grabenkämpfen aufgerieben wurde, starb im regionalen Gekläff. Und sie steht für viele andere Probleme, ob Altersvorsorge, die Zukunft der Arbeit oder den Klimawandel. Sie alle betreffen unsere Zukunft im einundzwanzigsten Jahrhundert. Und alle beginnen mit der Frage, was uns verbindet. Worauf können wir uns einigen? Welche Geschichten wollen wir teilen, damit nicht jeder für sich alleine liest?

Von Ochsen und Pferden

Die Geschichte bewegt sich nicht im Ochsengang, nicht in einem gleichmäßigen Trott. Sie gleicht eher den wilden Sprüngen eines Pferdes, das nach Tagen im Stall wieder auf die Weide gelassen wird. Seine Kapriolen sind unvorhersehbar: Ob es sich aufbäumt, nach hinten oder nach vorne ausschlägt, ob es einen Satz nach rechts oder nach links macht, das bleibt unberechenbar. Wer lange an der Koppel gestanden hat, der wird genau so überrascht von der nächsten Bewegung, doch erkennt er, dass sich die einzelnen Ausschläge wiederholen. Die Figuren, so unabsehbar ihre Abfolge ist, ähneln sich.

Eine solche Kapriole, die man immer und immer wieder sieht, ist das Verhalten der Linken, wenn es um Europa geht. Vor vielen Jahren, in einem fernen, unglückseligen Herbst, sollte dieses unzuverlässige Verhalten für die nächsten Jahrzehnte über das Schicksal der Schweiz entscheiden.

Am 6. Dezember 1992 lehnte die hiesige Stimmbevölkerung den Beitritt der Schweiz zum Europäischen Wirtschaftsraum mit 50,3 Prozent Nein-Stimmen ab. Das Ergebnis war hauchdünn: vierundzwanzigtausend Stimmen Unterschied, und obwohl die Mehrheit der Stände auf den ersten Blick deutlicher ausfiel, lediglich sechs Kantone und zwei Halbkantone für die Vorlage votierten, verhinderten auch hier bloß dreiundsechzigtausend Stimmen das doppelte Ja, jene in den Kantonen mit den knappsten Mehrheiten, und das waren Zürich, Bern, Zug, Solothurn und Aargau.

Die Folgen sind bekannt. Die nationalistische Rechte bestimmte in den folgenden Dekaden den politischen Diskurs. Befeuert von ihrem Triumph eilte sie von Wahlerfolg zu Wahlerfolg. Die liberale Mitte wurde aufgerieben, die Wirtschaft ging bis zum Abschluss der bilateralen Verträge im Krebsgang – und wer war schuld daran? Wer trägt die Verantwortung für das Nein in der EWR-Abstimmung?

Die Rechte machte ihre Sache ohne Frage vorzüglich: Sie verfügte über unbegrenzte finanzielle Mittel und mobilisierte ihre Anhängerschaft so stark wie nie zuvor. Zu Hilfe kam ihr ein gespaltener Bundesrat. Flavio Cotti und Otto Stich machten keinen Hehl aus ihren Vorbehalten gegen den EWR. Die liberale FDP, eigentlich pro-europäisch, lag weidwund, angeschossen vom Kopp-Rücktritt, dem Abstieg des Zürcher Freisinns und dem schlechten Ergebnis bei den Nationalratswahlen im Jahr zuvor.

Aber dies hätte nicht für ein Nein gereicht, wenn nicht ein Teil der Linken den rechten Europafeinden in die Hände gespielt hätte. Die Befürworter verschliefen den Abstimmungskampf, erst zwei Wochen vor dem 6. Dezember kam die Ja-Kampagne etwas in Gang. Viel zu spät – die brieflichen Stimmen waren längst abgegeben, die entscheidenden Weichen indes schon in den Monaten zuvor gestellt worden. Am SP-Parteitag im Oktober in Genf wurde bloß ein »kritisches Ja« ausgegeben. Man wollte die Gräben in den eigenen Reihen nicht vertiefen, vor allem weil die Gegner nicht irgendwelche Hinterbänkler waren, sondern die Stars der Sozialdemokratie. Zuvorderst, Seit' an Seit' mit der nationalistischen Rechten, bekämpfte Andreas Gross den EWR, jener Nationalrat, der in der Abstimmung über die Abschaffung der Schweizer Armee drei Jahre zuvor sensationelle 35,6 Prozent der Schweizerinnen und Schweizer hinter sich hatte vereinigen können. Daneben agierte Rudolf Strahm, der mit seinem Buch »Europa-Entscheid« die Bestseller-Listen anführte und eine landesweite Berühmtheit war, gegen das Vertragswerk. Bei der parlamentarischen Beratung im Nationalrat enthielt er sich der Stimme und rang sich erst bei der Beratung über die Euro-Lex-Gesetzgebung zu einem Ja durch. Aber er tat es contre cœur. Wenige Tage vor dem 6. Dezember legte er Sprengsätze und

Nebelpetarden. In einem langen Interview mit der »Schweizer Illustrierten« bekundete er großes Verständnis für die Zweifler und bekannte, nicht zu jenen zu gehören, die Christoph Blocher verteufelten, denn schließlich vertrete dieser keine grundsätzlich abstrusen ökonomischen Theorien – im Gegenteil, wie Strahm hinzufügte. Obwohl er schweren Herzens ein Ja einlegen werde, fand Strahm vor allem Argumente gegen den EWR. Verlieren würden die schlecht Gebildeten, die Frauen, die Umwelt, die wenig Mobilen – und es sollten dann genau diese Gruppen sein, die diese für die Zukunft der Schweiz entscheidende Abstimmung ins Nein kippen ließen.

Die Grünen waren in dieser Sache geschlossener als die Genossen – das ist das einzig Positive, was sich über die Partei zu jenem Zeitpunkt sagen lässt. Für sie war der EWR ein kapitalistisches, von Männern dominiertes Monster, das man mit allen Mitteln bekämpfen musste. Und auch in den linksgrünen Kreisen waren es die nationalen Schwergewichte, die sich für ein Nein stark machten: Verena Diener, Rosmarie Bär, Jo Lang, Cécile Bühlmann.

Sie zählten auf den Pragmatismus der Schweizerinnen und Schweizer und rechneten insgeheim mit einem Ja an der Urne. Sie meinten, sich ihre Opposition leisten zu können und zum Wohl ihrer eigenen Karrieren gegen das Wohl des Landes arbeiten zu können. Am Abend des 6. Dezember 1992 mussten sie ein böses Erwachen erleben. Als einziges Land der EFTA, der europäischen Freihandelsassoziation, würde die Schweiz nicht dem EWR beitreten. Der SP-Parteivorstand begriff spät, zu spät. Nach einer lausigen Kampagne, dem lauwarmen, »kritischen Ja«, nannte der Parteivorstand in einer ersten Presseerklärung den Entscheid nun »eine Katastrophe« und »extrem schädlich« für die Schweiz. In einer Umfrage forderte eine Mehrheit der Bevölkerung eine zweite Abstimmung, und manche der prominenten Nein-Sager versuchten durch einen doppelten Salto ihre fatale Fehleinschätzung vergessen zu machen. Wie die Grünen setzte sich Andreas Gross gegen alle politischen Realitäten für einen sofortigen EU-Beitritt ein. Dabei hatte er das Geschäft der Rechten längst erledigt. Von nun segelten andere Kräfte am politischen Wind.

Es folgten die Jahre der Beziehungsambivalenz zwischen der EU und der Schweiz, ein ewiges Geschacher, ein Lavieren, das einen Großteil der politischen Energie fraß und verhinderte, dass sich das Land um andere, zukunftsträchtige Themen kümmern konnte.

Kommt einem diese Geschichte bekannt vor? Aus Großbritannien vielleicht? Dort stimmte der spätere Chef der Labour Party, Jeremy Corbyn, schon 1975 gegen den Beitritt zur Europäischen Union. 2008 stellte er sich gegen die Unterzeichnung der Verträge von Lissabon, und drei Jahre später unterstützte er eine Initiative von konservativer Seite, über den Brexit ein Referendum abzuhalten. Und 2015, während der Griechenland-Krise, beschwor er die bekannten Ängste vor einem diabolischen Brüssel mit seinen notorischen antisemitischen Allusionen: Es gebe keine Zukunft für ein wucherisches Europa, das die kleinen Nationen in eine Schuldknechtschaft zwinge. Auch ihm ging es mehr um die eigene politische Profilierung als um das Wohlergehen des Landes. Und wie an jenem fernen Dezemberabend in der Schweiz rieb man sich auch in Großbritannien am Tag nach dem 23. Juni 2016 ungläubig die Augen. Das Resultat ähnlich knapp wie beim EWR, das Chaos angerichtet, das Land gespalten, die Extremisten triumphierten und lachten sich über die linken Helfershelfer ins Fäustchen.

Das Kreuz der Linken mit Europa ist weder eine englische, noch schweizerische Eigenart. In Frankreich polemisiert Jean-Luc Mélenchon mit seinem Bündnis »La France insoumise« auf der Linie der äußersten Rechten und trifft sich in seinem nationalistischen und anti-deutschen Gehabe mit Marine Le Pen vom Front National. Er findet viel Unterstützung in intellektuellen Kreisen, bei Schriftstellern wie Didier Eribon oder Édouard Louis, die von einer Revolution träumen, die Regierung stürzen wollen, Gewalt als politisches Mittel nicht grundsätzlich ablehnen und gegen Brüssel opponieren. Es ist zu befürchten, dass auch sie eines Tages ein böses Erwachen erleben werden.

Die EU hat dem Kontinent Frieden und Wohlstand beschert. Sie ist nicht perfekt. Wie jedes politische Projekt muss man sie entwickeln, demokratischer und sozialer gestalten. Ein Teil der Sozialdemokraten will das nicht einsehen. Hierzulande macht sich die gewerkschaftliche Linke wieder einmal zum Gehilfen der Rechten. Die weiß mittlerweile, dass sich das Pferdchen auf der Weide irgendwann erschöpft hat in seinen Kapriolen. Dann mag man ihm die Zügel umlegen, und man kann es mühelos ins Geschirr legen, bevor es müde und brav den rechten Karren zieht und nicht mehr zu unterscheiden ist von einem Ochsen.

Symmetrische Demobilisierung

In der politischen Wissenschaft kennt man den Begriff der asymmetrischen Demobilisierung. Er bezeichnet eine Taktik im Wahlkampf. Die regierende Partei vermeidet jedes kontroverse Thema und versucht so, die Anhänger des Gegners vom Urnengang abzuhalten. In der Schweiz praktiziert man darüber hinaus die Methode der symmetrischen Demobilisierung. Alles was auch nur entfernt an politischen Streit erinnert, wird konsequent vermieden. Nicht nur die Anhänger des Gegners, nein die gesamte politische Öffentlichkeit wird narkotisiert. Aus Staatsräson ist es am besten, wenn die Stimmbürgerinnen zu Hause bleiben. Bei nationalen Wahlen bleibt mehr als die Hälfte der Wahlberechtigten zu Hause. Aber das macht nichts. Das ist sogar gut so. Für Außenstehende wirkt das häufig seltsam. Die innere Logik ist nur schwer zu verstehen. Mit der hiesigen Politik verhält es sich wie mit der Nationalspeise, dem Fondue: Um es verdauen zu können, muss man von früh an daran gewöhnt werden.

Schweizer und Schweizerinnen mögen keine Unruhe. Und deshalb ist uns auch die Politik suspekt. Sie will verändern, hier aber soll die Zukunft aussehen wie die Vergangenheit. Die Wirtschaft verlangt Stabilität, sie will, dass alles so bleibt, wie es ist, denn so wie es ist, ist es annähernd perfekt. Politik ist dabei nur ein Störfaktor. Die Wirklichkeit beweist es. Hat man nicht gesehen, wohin es führt, wenn man die Politik über die Zukunft bestimmen lässt? Was ist da draußen in der Welt seit dem letzten eidgenössischen Wahlgang passiert?

Im Oktober 2015 hieß der britische Premierminister David Cameron. Dieser konservative Pro-Europäer hatte im Mai desselben Jahres für seine Partei einen überwältigenden

Wahlsieg errungen. Mit einer absoluten Mehrheit war er in die Downing Street Nr. 10 eingezogen. Camerons Macht war unbestritten. Ein Referendum über den Austritt Großbritanniens aus der EU? Dafür gab es nicht einmal einen Termin. Es ist nur schwer zu glauben, aber das Wort Brexit war den allermeisten Menschen damals völlig unbekannt.

Im Weißen Haus an der Pennsylvania Avenue in Washington residierte in jenem weit entfernten Indian Summer ein Mann namens Barack Obama. Das Ende seiner zweiten Amtszeit lag über ein Jahr in der Zukunft, und als seine wahrscheinlichste Nachfolgerin wurde Hillary Clinton gehandelt. Für sie sprachen vor allem zwei Umstände. Erstens war die Zeit reif für eine Frau als Präsidentin, und zweitens gab es unter den Republikanern, diesem zerstrittenen Haufen, niemanden, der Frau Clinton gefährlich werden konnte. Um den desolaten Zustand der Grand Old Party zu begreifen, musste man sich nur eine der Fernseh-Debatten ansehen. Dort dominierte ein Rumpelstilzchen, ein Immobilienmagnat und Reality-TV-Star aus New York, dessen Manieren so seltsam waren wie seine Frisur. Ausgeschlossen, dass die Amerikaner diesen Donald Trump jemals zum Präsidenten wählen würden, aber wenigstens sorgte er im öden Politikbetrieb für etwas Unterhaltung.

In Paris war das Bataclan bloß ein Konzertlokal unter vielen, und im Élysée-Palast saß François Hollande als Präsident der französischen Republik. Er gehörte einer Partei an, die man vier Jahre später nur noch vom Hörensagen kennt, den Sozialisten nämlich, und die, man glaubt es kaum, damals auch in Italien die Regierung stellte, angeführt von einem jungen Hoffnungsträger, dem eine große Zukunft vorausgesagt wurde und der fast vergessen ist, Matteo Renzi nämlich.

Erledigt schien hingegen Angela Merkel. Es war äußerst fraglich, ob sie sich über das Jahresende im Amt würde halten können. Denn so, wie im Jahr 2019 die Klimakatastrophe die Schlagzeilen beherrschte, dominierte vier Jahre früher die Flüchtlingskrise die Berichterstattung. Und wie heute konnte man sich auch damals nicht vorstellen, wie sich das eines Tages wieder ändern könnte. In ebendieser Flüchtlingskrise hatte Frau Merkel ihren letzten politischen Kredit mit der Öffnung der Grenzen und der Losung »Wir schaffen das« aufgebraucht. Sie war erledigt. So sahen das die Leitmedien, von der »Financial Times« in London bis zu »DER SPIEGEL« in Hamburg.

Es wirkt deshalb frivol und umstürzlerisch, wenn eine linke Partei Werbung macht mit dem Slogan: Unruhe bewahren! Als gäbe es in der Welt nicht genug davon! Nein, wir wollen sehen, dass wir gelassen auf unserem bewährten Weg bleiben. Und deshalb gibt es Wahlen, weil Wahlen nun einmal, und man muss sagen, leider, zu einer Demokratie gehören. Aber deswegen ist ja niemand verpflichtet, Wahlkampf zu betreiben oder jedenfalls das, was man in anderen Ländern unter Wahlkampf versteht.

Man begreift darunter üblicherweise die möglichst vorteilhafte Darstellung des eigenen politischen Programms, verbunden mit der gleichzeitigen Verteufelung des gegnerischen. Davon gibt es wenig bis nichts. In der Schweiz benötigen die Kandidierenden überhaupt kein Wahlprogramm, mehr noch: Es gibt nichts, das ihre Chancen auf Erfolg mehr gefährdete als eine klare Position.

Der Wahlkampf besteht hier deshalb in der reizvollen Aufgabe, einerseits sein Gesicht und seinen Namen in die Öffentlichkeit zu bringen und gleichzeitig alles zu vermeiden, was diesem Namen und dem Gesicht ein politisches Profil verpasst. Der Wähler darf nicht wissen, wofür der Politiker steht.

So werden die beiden wichtigsten politischen Herausforderungen der nächsten Legislaturperiode konsequent ignoriert. Nur zur Erinnerung: Weder für den Rahmenvertrag noch für die gesetzliche Altersvorsorge ist eine Lösung in Sicht. Dem wichtigsten Sozialwerk der Schweiz, der AHV, fehlen in den nächsten zehn Jahren ungefähr dreißig Milliarden Schweizer Franken, und niemand hat eine Ahnung, woher das Geld kommen soll. Die letzte Reform wurde 2017 vom Volk zurückgewiesen. Die Vorschläge, die der Bundesrat danach vorgelegt hat, werden von sämtlichen politischen Parteien abgelehnt. Die Rechte will keine Finanzierung über die Mehrwertsteuer, die Linke keine Erhöhung des Frauenrentenalters. Es wäre interessant zu erfahren, mit welchen Vorschlägen sich die Kandidierenden in dieser Frage positionieren – nach welchen Kriterien soll der Bürger sonst seine Wahl treffen? Der Sozialdemokratischen Partei gelingt es auf ihrer Wahlplattform tatsächlich, sowohl die Frage nach dem Verhältnis der Schweiz zur EU wie jene nach der Finanzierung der Altersvorsorge nicht zu erwähnen. Nicht besser sieht es bei der FDP aus. Sie sieht ihre Aufgabe offenbar nur noch in der Standortförderung. Innovation heißt hier die Losung. In welche Richtung diese Erneuerung gehen soll? Das mag sich jeder selbst denken.

Das eidgenössische Parlament scheint den Anspruch auf politische Gestaltung aufgegeben zu haben. Die Legislative hat kaum mehr etwas zu sagen. Die entscheidenden Mächte in der politischen Arena sind die Stimmbevölkerung und die EU-Behörden in Brüssel. Sie geben den Takt vor, und leider ist dieser unvorhersehbar. Als National- oder Ständerat ist es deshalb besser, sich nicht auf eine Position festzulegen. Das wäre nur hinderlich, wenn es darum geht, kreative Lösungen für unmögliche Aufgaben zu finden. So war der famose »Inländervorrang light« in der letzten Legislaturperiode die herausragende Leistung des eidgenössischen Parlaments. Ein politischer Taschenspielertrick, um das ungelöste staatspolitische Problem zwischen der Verfassung und der Europäischen Union nicht eskalieren zu lassen.

Die Stille im Wahlkampf zeugt auch vom Bedeutungsverlust der Legislative in der Demokratie. In vielen Ländern kämpfen die Parlamente um ihren Anteil an der Macht. In der Schweiz scheint man sich mit der eigenen Marginalisierung abgefunden zu haben. Der Rekord an Kandidierenden ist kein Beweis für das Gegenteil. Ein Nationalratsmandat ist für die meisten bloß eine PR-Möglichkeit. Und dazu leichtes Geld. Man hat ja schließlich keine Präsenzpflicht.

Streit ist in einer Demokratie notwendig. Wenn das Parlament nicht mehr dieser Ort ist, wird er sich an einer anderen Stelle artikulieren, auf der Straße, außerparlamentarisch, ungeordnet, unlegitimiert. Kein gutes Zeichen, keine gute Prognose für die nächste Legislatur, für die nächsten vier Jahre.

Anarchy in Switzerland

Im März 2018 stimmten die Schweizer Stimmbürgerinnen und Stimmbürger über eine Initiative ab, die sämtliche Gebühren der öffentlich-rechtlichen Medien abschaffen wollte. Nach einer hitzigen Debatte fiel das Votum deutlich aus. Über siebzig Prozent der Abstimmenden und sämtliche Kantone lehnten das Begehren ab, aber die Fragen, die diese Initiative zutage förderte, warfen ein Schlaglicht auf den Zustand des Landes, seiner Eliten und Institutionen. Sie gaben gleichzeitig Gelegenheit, sich der geschichtlichen Grundlagen der radikalen libertären Bewegung zu erinnern.

Für die Initiatoren war die Verpflichtung, Gebühren zahlen zu müssen, ein Verstoß gegen die Freiwilligkeit, ihrer Meinung nach das oberste Prinzip einer freien Gesellschaft.

Wer dies verkenne, so führten sie an, rede der Knechtschaft und der Sklaverei das Wort und stehe außerhalb des politisch Legitimen. Dieses Argument ist Unfug. Jede staatliche Tätigkeit bedarf eines Zwanges. Es gibt immer Menschen, die mit einem Gesetz nicht einverstanden sind. Um dieses Gesetz gegen ihren Willen durchzusetzen, braucht es die Androhung von Gewalt. Deshalb führen Polizisten Schusswaffen mit sich – um die Beschlüsse des Staates notfalls mit der Pistole zu erzwingen. Dies war die erste Falle der Initiatoren, in die viele der Gegner tappten, wenn sie zu erklären versuchten, warum es gebührenfinanzierte Medien braucht. Wir haben nicht deshalb eine Radio- und Fernsehgesellschaft, weil ihre Notwendigkeit argumentativ zu beweisen wäre. Es gibt sie allein deswegen, weil eine Mehrheit sie als notwendig erachtet und ihren Willen durchsetzt. Genau das macht diese Mehrheit auch im Fall der Altersvorsorge, der Armee oder der Schulpflicht. Warum diese Institutionen notwendig seien, muss diese Mehrheit der unterlegenen Minderheit nicht darlegen. Darin liegt eine Gefahr der Demokratie. Mehrheitsentscheidungen können die fundamentalen Rechte des Einzelnen verletzen. Deshalb gibt es Grundrechte, die nicht verhandelbar sind und die nicht dem Willen und der Willkür einer Mehrheit unterliegen. Die Demokratie muss sich Zügel anlegen und die totale Herrschaft der Mehrheit durch Gewaltenteilung und Rechtsstaatlichkeit begrenzen. Doch ohne Zwang funktioniert kein Staat, auch nicht der demokratische.

Die Ideen hinter diesem Volksbegehren stammen von den Ökonomen Murray Rothbard (1926-1995), James M. Buchanan (1919-2013), Milton Friedman (1912-2006) und Friedrich August von Hayek (1899-1992); ihre gemeinsame Ideologie nennt man Libertarismus. Seinen Kern bilden ein absolutes, heiliges Primat des Privateigentums und als Folge davon ein Misstrauen gegenüber jeder staatlichen Ordnung. Eine obrigkeitliche Maßnahme, die Ressourcen verteile, so ihre Meinung, zentralisiere Wissen und führe in den Totalitarismus. Für Friedrich August von Hayek war höchstens ein Minimalstaat denkbar, dessen einzige Aufgabe der Schutz des Eigentums wäre. Der radikale Murray Rothbard lehnte den Staat und folglich auch die Demokratie ganz ab.

Um diese Demokratie zu beschreiben, benutzen Libertäre gerne das Bild von den zwei Wölfen und dem Schaf, die zu dritt über das Abendessen abstimmen – und unterschlagen eben gerade den Schutz der Minderheiten, die eine Demokratie zu garantieren hat. Nicht alle Libertäre gehen so weit wie Rothbard oder Buchanan, aber bei allen besteht eine mehr oder weniger große und notorische Nähe zu rechtsextremen Kräften. Milton Friedman hofierte den chilenischen Diktator Augusto Pinochet (1915-2006), der in seinen Kerkern Oppositionelle foltern und umbringen ließ. Das südamerikanische

Land wurde in den siebziger Jahren des letzten Jahrhunderts zum Experimentierfeld für Friedmans soziale Theorien. Nach seinen Ideen zerstörte Pinochet mit seiner Junta den Sozialstaat, privatisierte die öffentlichen Schulen, die Universitäten und das Gesundheitswesen. Derweil hielt Murray Rothbard die USA für einen größeren Unrechtsstaat als Nazi-Deutschland und unterstützte paradoxerweise offen den Ku-Klux-Klan. Rechtsextremismus und Verschwörungstheorien beschreiben die beiden Konstanten im libertären Denken.

In der Absicht, die öffentlich-rechtlichen Medien zu verteidigen, versuchen die Gegner der Initiative darzulegen, wie falsch der polemische Begriff der »Staatsmedien« sei. Die Behörden würden keinen Einfluss auf das Programm nehmen. Das ist richtig und in Artikel 2 der Konzession ausdrücklich festgehalten. Aber Propaganda betreiben die Öffentlich-Rechtlichen trotzdem. In der Konzession steht nämlich auch, auf welchen Grundwerten das publizistische Angebot beruht, auf jenen einer »demokratischen Gesellschaft, wie sie in der Bundesverfassung und den für die Schweiz verbindlichen internationalen Übereinkommen festgehalten sind.«

Die öffentlich-rechtlichen Medien betreiben Propaganda für die Werte der Aufklärung und den freiheitlichen, demokratischen Staat, der die Schweiz seit ihrer Gründung 1848 ist. Wie die Volksschule, die Universitäten, die öffentlichen Theater, die Bibliotheken und viele andere staatliche Institutionen verteidigen sie jene Ideen, die Libertäre hassen und bekämpfen. Und statt für diese Werte einzustehen und den Staat und seine Institutionen zu verteidigen, schämt man sich seiner, leugnet ihn und geht den demokratiefeindlichen Initianten zum zweiten Mal auf den Leim.

Bleibt die letzte, schwierigste und unangenehmste Frage. Wie kann es sein, dass die Ideologie libertärer Rassisten, Homophober und Rechtsextremisten von der Öffentlichkeit breit diskutiert wird? Wie kann es sein, dass diese jungen Männer (denn es sind fast ausschließlich Männer) mit ihren libertären Extremismen als ideelle Avantgarde angesehen werden und weite Teile bisher gemäßigter Kreise für sich eingenommen haben?

Wie konnte es passieren, dass antidemokratische Ideen in den bürgerlichen Kreisen Fuß fassen konnten? Wie kann es sein, dass in der ganzen Diskussion niemand bemerkt hat, dass der Feind für diese jungen Männer nicht die Medien sind, sondern dass es der Staat ist?

Es sind mehrere Gründe. Sie spiegeln den allgemeinen Zustand dieses Landes, sind grundsätzlicher Natur und betreffen nicht nur diese Volksinitiative.

Zuerst liegt es in einem Versagen des öffentlichen Diskurses. In den Vereinigten Staaten, dem Ursprungsland der libertären Bewegung, wird eine rege Auseinandersetzung über ihre ideellen und historischen Wurzeln geführt. Eine wissenschaftliche Analyse über die Finanzierung der libertären Bewegung durch den Milliardär Charles G. Koch schaffte es auf die Shortlist des National Book Award. In den führenden Medien wird breit und kontrovers jeder Aspekt diskutiert. Nichts davon in der Schweiz. Die Namen Rothbard und Buchanan sind hier unbekannt geblieben. Aber warum untersucht niemand den ideellen Hintergrund der Initianten? Die öffentlich-rechtlichen Medien zeigen eine verständliche Scheu. Jeder Bericht würde als Parteilichkeit ausgelegt. Und die Privaten? Ein Teil ist nicht gewillt, weil sie diese extremen Ideen selbst unterstützen, der andere Teil ist nicht in der Lage. Die Redaktionen sind unter Spardiktat und Renditedruck ausgedünnt. Hintergründe auszuleuchten und Zusammenhänge aufzuzeigen braucht Zeit – es braucht jenes Geld, das man den Journalistinnen und Journalisten in den letzten Jahren entzogen und den Aktionären zugeschanzt hat. Nun zeigen sich die Folgen. Extremistische Irrläufer spielen mit der öffentlichen Meinung, führen sie an der Nase herum, und kaum jemand ist in der Lage, ihr übles

Spiel aufzudecken. Verschärft wird diese Malaise durch eine Fragmentierung der Gesellschaft. In Zeiten, in denen sich jeder mit der Befriedigung der persönlichen Bedürfnisse beschäftigt, verlieren ein Begriff wie das Gemeinwohl und die Auseinandersetzung, wie es aussehen könnte, an Bindungskraft.

Die wesentliche Verantwortung liegt bei der politischen Partei, die 1848 die moderne Schweiz gegründet hat. Mit dem Programm »Mehr Freiheit, weniger Staat«, das die Freisinnig-Demokratische Partei seit 1979 und im Zug der weltweiten neoliberalen Bewegung vertritt, hat sie die eigenen geschichtlichen und ideellen Fundamente untergraben. Wer den Markt und das Privateigentum über alles und den Staat als einen Widerspruch zur Freiheit stellt, der muss als Minister dafür sorgen, dass dieser Staat zurückgedrängt wird – er muss in letzter Konsequenz an der Abschaffung der eigenen Position arbeiten. Wenn der Staat das Übel ist, wie kann man es rechtfertigen, für diesen Staat tätig zu sein? Die Folge des neoliberalen Denkens ist die Zerschlagung jeder öffentlichen Institution und damit auch der öffentlich-rechtlichen Medien. Am Ende dieses Weges wartet nur der Anarchismus – und genau dort befinden sich Teile des bürgerlichen Lagers.

In einem Aufsatz aus dem Jahre 1976 schrieb Murray Rothbard, man müsse den Staat delegitimieren und entweihen. Geschichtsrevisionismus sei deshalb ein Kernanliegen eines Libertären. Wenn man sich die Schweiz ansieht, wenn man sieht, wie verwirrt und orientierungslos die bürgerlichen Parteien sind und wie sich ehemals erzbürgerliche Institutionen wie die »Neue Zürcher Zeitung« gegen den Staat wenden, und wenn man ferner sieht, wie gewisse Milliardäre Geschichtsklitterung betreiben und welche extremen Ideen die Öffentlichkeit diskutiert, während sie die drängenden Probleme ignoriert, dann muss man konstatieren, dass sich dieser verirrte Anarchist über die Schweiz im Jahre 2018 gefreut hätte.

III

Der Tausch

Die europäische Literatur beginnt mit einer Seuche.

An einem Strand in der östlichen Ägäis belagert ein griechisches Heer die Stadt Troja. Da nähert sich ein Greis dem Feldlager und fordert die Herausgabe seiner Tochter Chryseis, die vom Heerführer der Griechen, dem König Agamemnon, entführt wurde.

Die Soldaten erstarren. Sie fürchten sich vor dem Alten. Er ist ein Priester des Gottes Phoibos Apollon und pflegt die besten Beziehungen zu den Unsterblichen. Die Männer sind sich einig: Es wäre klüger, deren Zorn nicht anzufachen und die Chryseis auszuliefern. Aber Agamemnon ist ein starrköpfiger Mann und lässt sich nicht einschüchtern. Das Mädchen werde er herausgeben, aber erst, nachdem er sie ausgebeutet habe: als Arbeiterin tagsüber am Webstuhl, als Sexsklavin nachts in seinem Bett. Unter wüsten Drohungen schickt der Anführer den alten Priester zum Teufel. Die Mannschaften kuschen. Kein Soldat begehrt auf. Sie fürchten den nahen Agamemnon mehr als die fernen Götter.

So kommt es, wie es kommen muss. Der Gott Phoibos Apollon steht treu zu seinem Priester. Zürnend im Herzen, wie es heißt, mit dem Bogen über der Schulter und den klirrenden Pfeilen im Köcher, bestraft er den Frevler Agamemnon und schickt ins Lager seiner griechischen Soldaten eine tödliche Pest. Neun Tage lang brennen die Scheiterhaufen mit den Leichen der dahingerafften Soldaten.

Schließlich muss Agamemnon das Unrecht sühnen und die entführte Chryseis zurückgeben. Erst danach verschwindet

131

die Seuche. Aber mit seiner Kriegsbeute verliert der Anführer auch einen Teil der Autorität, und um diesen Machtverlust zu kompensieren und seine Superiorität zu erneuern, fordert er ausgerechnet von Achill, seinem stärksten Krieger, eine Kompensation. Er soll Agamemnon für den Verlust entschädigen und ihm seinerseits die Beute überlassen, ebenfalls eine Frau, sie heißt Briseis. Aber dieser ist alles andere als einverstanden. Der Zorn erfüllt ihn, und von diesem erzählt danach die Muse, und so eröffnet der antike Dichter Homer sein Epos, die Ilias. Auch fast dreitausend Jahre später ist es eine so erhellende wie deprimierende Lektüre.

Mit den antiken Griechen verbindet uns Zeitgenossen nicht viel. Gesellschaftsform, Technologie, Kultur – dies alles unterscheidet uns. Gleichzeitig scheint sich in wesentlichen Belangen wenig geändert zu haben. Der Krieg ist bis heute eine strategische Möglichkeit geblieben. Bis heute setzen Menschen ihre Interessen mit Gewalt durch. Patriarchale Gesellschaften betrachten Frauen weiterhin als Sachgut und behandeln sie in bewaffneten Konflikten als Beute. Vergewaltigung ist ein Kriegsmittel. Schließlich, und in diesen Tagen gerade von besonderem Interesse: Auch nach dreitausend Jahren rütteln Epidemien an der bestehenden Ordnung und bringen Hierarchien ins Wanken. Diese zentrale Erfahrung dokumentiert die Literatur seit ihren Anfängen. Und von diesem überlieferten Erfahrungsschatz können wir, falls wir der Literatur noch vertrauen, auch im einundzwanzigsten Jahrhundert profitieren. Denn obwohl uns die griechische Welt fremd geworden ist, zeigt uns Homer gültig und in allen Einzelheiten, wie Macht zerbröckelt.

Jede Autorität, sei sie staatlich, wirtschaftlich oder religiös, beruht auf einem Tauschgeschäft: Übertragung der Macht und Loyalität gegen die Zusicherung von Schutz und Privilegien. Wenn es den Herrschenden nicht gelingt, ihre Bevölkerung vor Umweltbedrohung, feindlichen Mächten oder Krankheiten zu schützen; und wenn sie gleichzeitig die versprochenen Privilegien nicht garantieren können, dann fühlen sich die Beherrschten durch keine Loyalität mehr gebunden und die Herrschaft gerät in eine Legitimitätskrise.

Im einundzwanzigsten Jahrhundert glauben wir als Gesellschaft nicht mehr an gestaltende und eingreifende Götter. Wir gehen nicht davon aus, dass ein Verstoß gegen ihre Ordnung die Rache der Unsterblichen nach sich zieht. Für die meisten ist das Virus keine himmlische Strafe für die ungehorsame Menschheit. Es lässt sich weder religiös noch moralisch erklären oder bekämpfen. Und trotzdem muss bis heute die Pandemie als Metapher für den Zustand unserer Gesellschaft dienen. So hört man, endlich kämen alle Ungerechtigkeiten, die man unter den Teppich kehrte, ans Tageslicht. Die Exzesse der Globalisierung, die Unfähigkeit der Staatengemeinschaft, ihre globalen Herausforderungen zu erkennen, geschweige denn anzugehen – durch die Pandemie werde dies offenbar. Nun müsse der Letzte begreifen, wie falsch unser Lebensstil gewesen war.

Diese Erzählung gibt sich als Systemkritik, aber genau betrachtet ist es eine Entlastungskonstruktion. Die Tatsachen lagen schon vor Corona auf dem Tisch. Als Gesellschaft hätten wir vor Jahrzehnten handeln können und müssen. Der Club of Rome formulierte seinen Bericht über die Grenzen des Wachstums bereits 1972. Die Informationen waren zugänglich. Doch ein Systemwandel schien in den westlichen Ländern nicht dringend. Die Zerstörung der natürlichen Ressourcen und der Klimawandel, so hoffte man, würden sich über einen langen Zeitraum entwickeln, die Bevölkerung würde sich an die Veränderungen anpassen und Teile der Wirtschaft könnten profitieren. Für das moralische Empfinden sind humanitäre Katastrophen unangenehm. Aber trotz einiger politischer Unruhen gefährden sie den westlichen Lebensstil nicht wirklich. Für die Wirtschaft ist es kein wesentliches Problem, wenn Menschen im Meer ertrinken. Der Verstoß gegen das

133

Sittengesetz findet keinen Niederschlag in den Bilanzen, und genauso wenig stört sich Achill am Frevel seines Anführers. Dem Krieger ist das Schicksal der jungen Frau gleichgültig. Er revoltiert erst, als er Agamemnon den Anteil an der Kriegsbeute hergeben soll. Obwohl seine Hände einen größeren Teil der Kriegsarbeit verrichteten, so beklagt sich Achill, schanze sich Agamemnon stets die besten Stücke zu. Bis jetzt habe er dies geduldet, aber nun, da ihm dieser Anteil streitig gemacht werde, fühle er sich nicht mehr zu Loyalität verpflichtet. So geht er beleidigt und im Zorn, verlässt das Heerlager, schwächt die Griechen und erinnert sich erst viel später, im neunzehnten Gesang, als seine Landsleute in höchster Gefahr sind, seiner Treue zu ihnen und versöhnt sich mit Agamemnon.

Zu Achills Verhalten gibt es bis heute Parallelen. Seine Argumente werden immer noch erhoben, auch wenn jene, die sie anführen, meist einen Umweg gehen und sie kaschieren müssen. Opportunismus ist nur erfolgreich, wenn er sich nicht offen zeigt. Der Vertrag in den westlichen Gesellschaften lautete bisher: Solange die Breite der Bevölkerung von der Plünderung der natürlichen Ressourcen profitiert und gleichzeitig einen Teil der Gewinne durch die globale Ungerechtigkeit abschöpfen konnte und im Großen und Ganzen vor ihren nachteiligen Folgen, wie etwa die erhöhte Konkurrenz durch die Migration, geschützt wurde, solange betraf die Kritik nur die Verteilung der Beute. Sie führte nicht zu einer Forderung nach einer grundlegenden Umwälzung der herrschenden Ordnung. Dieses Beteiligungsmodell an den Ausbeutungsüberschüssen haben viele nicht-westliche Staaten in den letzten Jahrzehnten mehr oder weniger erfolgreich übernommen. Natürlich begriffen die Bürger, egal in welcher Kultur und egal welcher politischen Couleur, lange vor Corona, dass dieses System in seiner aktuellen Form nicht nachhaltig ist und keine Zukunft hat. Es ist dem Kapitalismus nicht gelungen, den Fortschrittsgewinn auf einer globalen Ebene gerechter zu verteilen. Er will das auch nicht. Gleichheit ist ihm grundsätzlich ein Gräuel. Er sucht beständig ein Gefälle, zwischen Überfluss und Knappheit, zwischen Angebot und Nachfrage, zwischen Preis und Wert, zwischen Siegern und Verlierern. Nur durch den Glauben an Unterschiede ist der Wettbewerb, seine wichtigste Methode, möglich. Es stimmt: Manche Parameter der globalen Entwicklung weisen in eine hoffnungsvolle Richtung. Die Kindersterblichkeit nimmt ebenso ab wie die absolute Armut oder die Opfer bewaffneter Konflikte. Aber es fiele schwer, dies den Menschen im Sudan oder in Aleppo zu erzählen. Das Befinden einer gesellschaftlichen Gruppe, deren Mitglieder untereinander solidarisch und emphatisch sind, misst sich nicht am Befinden der Mehrheit, sondern an jenem des schwächsten Mitglieds. Und es ist einfach die Frage, wo eine Gesellschaft die Grenzen zieht, die entscheidet, wer dazu gehört und wer ausgeschlossen ist.

Globale Gerechtigkeit bleibt für unsere Gesellschaft die wesentliche Aufgabe. Sie liegt im Interesse aller. Ungleiche Verteilung von Wohlstand führt zu sozialer Unruhe. Es scheint heute nur eine rudimentäre Diskussion darüber zu geben, was Gerechtigkeit im einundzwanzigsten Jahrhundert überhaupt bedeuten könnte. Ausgleich ist in der kapitalistischen Ökonomie unerwünscht. Wettbewerb als sein grundsätzliches Prinzip besteht durch den Willen und das Bestreben, unter den Marktteilnehmern die Unterschiede sichtbar zu machen – und zwar auf allen Ebenen und in allen Phasen der Produktion und des Konsums. Es gibt überhaupt keinen Markt ohne diese Unterschiede – oder anders gesagt, ohne die Trennung von Gewinnern und Verlierern. Der moderne Sozialstaat hat mit großem Erfolg die Härten dieses Wettbewerbs gemildert. Aber seine Sicherungssysteme sind ausschließlich national organisiert. In unserer globalisierten Wirtschaft können Waren und Dienstleistungen ohne Hindernisse frei zirkulieren. Doch während sich das Kapital nach den besten Opportunitäten organisieren kann, bleibt dieses Privileg den Menschen vorenthalten. Bezahlter Urlaub, Krankengelder, Arbeitssicherheit – in vielen Produktionsländern des Südens müssen die Arbeitnehmenden auf diese Rechte verzichten.

Auch nach Corona gibt es für unsere Gesellschaft in ihrem eigenen Interesse eine wesentliche Aufgabe: der Kampf um globale Gerechtigkeit. Erst sie führt zu mehr Stabilität und zu einer zielorientierten und sinnstiftenden Politik. Der Westen wird einen Teil seiner Beute zurückgeben müssen, und wir sollten bei Homer lernen, dass wir dem Beispiel Agamemnons nicht folgen sollten und es dumm wäre, dafür eine Kompensation zu fordern.

Birnen schütteln

Anfang März 2020. Es sind merkwürdig ruhige Zeiten. Das Gefühl der Belagerung macht sich breit. Man hört den Lärm, vernimmt die Hektik – und versinkt gerade deswegen in apathische Ruhe. Die Fälle kommen näher. Im örtlichen Spital werden die ersten Kranken gepflegt. Was bedeutet das? Wuhan oder Zürich – medial ist dies schließlich fast ununterscheidbar. Es ist schwierig, den Grad der Bedrohung zu erfassen. Gerade deshalb wird alles andere nebensächlich, einerlei, wie viel faktische Bedeutung es hat. Krieg in Syrien? Hatten wir schon. Flüchtende an der EU-Außengrenze? Ein alter Hut. Nur eine neue Bedrohung versetzt uns nachhaltig in Angst.

Was immerhin sicher ist: Die Zukunft verspricht nichts Gutes. Die Zeit ist nicht auf der Seite der Menschen. Ebenfalls beständig und treu sind die offenen Fragen: Wann wird es vorbei sein? Wie schlimm wird es werden? Wann wird es jemanden treffen, den man kennt und liebt?

Fatalisten sind in diesen Zeiten im Vorteil. Die anderen reden sich gut zu und bekämpfen die Angst mit Statistiken. Noch sind die absoluten Zahlen nicht besonders hoch, im Vergleich etwa zu den Opfern von Verkehrsunfällen. Allerdings sind Verkehrsunfälle nicht ansteckend – das ist der Unterschied. Und die neue Gefahr beseitigt kein altes Risiko.

Neu? Neu ist diese Erfahrung nur für unsere Generation. Für die Menschheit ist sie eine Konstante. Unter Freunden spricht man deshalb über die Bücher, die man jetzt wieder lesen sollte. Die Liste ist lang. »König Ödipus« von Sophokles, Albert Camus' »La peste« und auch Daniel Defoes »A Journal of the Plague Year«, erschienen im Jahre 1722, kurz nach dem Dreißigjährigen Krieg. Viel zu lange her. Das kann man nicht vergleichen. Man ruft es sich aufmunternd zu. Wer dann die ersten Seiten liest, stellt beklommen fest, dass es damals wie heute begonnen hat: mit Gerüchten, mit vagen Neuigkeiten, die unter den Nachbarn die Runde machten. Beim Autor von »Robinson Crusoe« war es Holland, woher die ersten Meldungen kamen, Amsterdam, danach kamen die Fälle immer näher, bis sie schließlich die eigene Stadt, London, erreichten.

Man legt das Buch zur Seite und tröstet sich mit der Gewissheit, dass die Medizin heute wirksamere Mittel besitzt als im siebzehnten Jahrhundert. Allerdings: Es ist eine tägliche Erfahrung, wie schnell sich alte Gewissheiten zurzeit in Luft auflösen – im Guten wie im Schlechten. Das Gerede vom Cyberspace, von den virtuellen Räumen zum Beispiel. Sie scheinen deutlich weniger wichtig zu sein als bisher angenommen. Menschen sind soziale Wesen und sie brauchen zuerst wirkliche Räume. Sie wollen sich leibhaftig sehen, persönlich sprechen. Der physische Kontakt ist unersetzlich, in der Wirtschaft und in der Politik, in der Liebe wie in der Kunst.

Was uns stark macht, macht uns auch verletzlich.

Daraus folgt eine weitere Erfahrung, die man angesichts einer Krankheit macht – die Gegensätze schließen sich nicht aus, sie bedingen und umarmen sich. Und wie jede Krise führen Krankheiten oft zu einer neuen Umwertung, zu neuen Hierarchien. Oder sie machen die wirklichen Hierarchien erst sichtbar. Was man für wichtig hielt, wird nebensächlich – und umgekehrt.

Da ist zum Beispiel die Sache mit dem Staat. Wie oft wurde in den letzten Jahrzehnten sein Bedeutungsverlust begrüßt und beklagt. Er habe das Primat an die Wirtschaft verloren, das war allgemeines, kaum hinterfragtes Wissen. Jedenfalls bis vor einigen Tagen. Da trat in der Bundesstadt ein einigermaßen unscheinbarer Herr mittleren Alters vor die Presse und hob von einem Augenblick auf den anderen mit einem performativen Sprechakt die Grundrechte auf. Artikel 31 der Schweizerischen Bundesverfassung, die Handels- und Gewerbefreiheit: leider ausgesetzt. Artikel 22, die Versammlungsfreiheit: bis auf Weiteres ungültig. Der Innenminister gab dies ruhig und mit einem leisen Bedauern in der Stimme bekannt, aber er ließ keinen Zweifel an der unbedingten Notwendigkeit der angekündigten Maßnahme.

Allein dieser Moment war einzigartig und ohne Beispiel. Noch erstaunlicher waren die Reaktionen auf diesen Erlass. Das Dekret wurde über sämtliche Kanäle verbreitet und sofort umgesetzt – diskutiert oder kommentiert wurde es hingegen nicht. Kritik verbot sich.

Wenige Wochen zuvor hatte man beklommen nach China geblickt, als die dortige Regierung mit einem Handstreich eine Millionenmetropole kurzerhand zur Sperrzone erklärte und die gesamte Bevölkerung unter Quarantäne stellte. Das Reich der Mitte ist eben eine Diktatur, so sagte man sich, die können das, die sind nicht von falschen Empfindlichkeiten angekränkelt. Aber kurz darauf wurde dasselbe im liberalen, demokratischen Italien angeordnet, in einem Land zudem, das berüchtigt ist für seinen schwachen Staat und die notorische Handlungsunfähigkeit der Regierung. Dieselbe staatliche Autorität, dieselbe gehorsame Bevölkerung. Die Bevölkerung nickt und ist dankbar, dass keine drastischeren Maßnahmen notwendig werden.

Nun wissen wir: Die Macht des Staates ist absolut. Er besitzt das Primat. Er bestimmt über den Ausnahmezustand. Und sollte jemand daran zweifeln, so möge er sich die Meldung der schweizerischen Armeeführung in Erinnerung rufen. In perfekter formaler Höflichkeit und Zurückhaltung ließ man die geneigte Öffentlichkeit wissen, dass die Streitkräfte den zivilen Behörden selbstverständlich mit Hilfsdiensten zur Verfügung stehen würden, falls es denn nötig sein sollte. Und jeder versteht, dass mit Hilfsdiensten nicht nur ein paar WK-Soldaten gemeint sind, die den Verkehr regeln oder Suppe verteilen. Und jeder versteht auch, wann diese besonderen Dienste nötig würden. Die Ruhe und die Ordnung, davon sollte jeder ausgehen, wird mit allen Mitteln aufrechterhalten werden.

Eine andere Behauptung, die jede Glaubwürdigkeit verloren hat, betrifft die Wettbewerbsfähigkeit. Jenseits aller politischen Bekenntnisse war dieser Begriff der Heilige Gral der modernen Gesellschaft. Mach dich und deine Gesellschaft tüchtig, um in der globalen Konkurrenz bestehen zu können! Nur so wird der Wohlstand wachsen, nur so wird die Wirtschaft prosperieren. Das war das Credo. Die letzten Wochen haben das Gegenteil bewiesen. Was uns erfolgreich macht, ist nicht die Konkurrenz, es ist die Kooperation. Zusammenarbeit ist der Weg zum Reichtum. Nur wenn sich unsere Energie-, Technologie- und Informationssysteme nahtlos ineinanderfügen, entsteht eine prosperierende Gesellschaft.

In einer hochspezialisierten Gesellschaft braucht jeder den anderen, ist jeder auf den anderen angewiesen. Es verhält sich wie in der Geschichte vom Joggeli, der vom Meister ausgeschickt wird, um Birnen zu schütteln. Aber der will nicht, und deshalb schickt der Meister den Stock aus, um den Joggeli zu schlagen, aber der Stock will auch nicht, und deshalb muss das Feuer los, um den Stock zu brennen, aber ach – auch das Feuer will nicht. Danach streiken nacheinander das Kalb und der Metzger, und erst als der Meister selbst nach dem Rechten sieht, fühlt sich der Metzger genötigt und will dem Kalb Beine machen, worauf auch das Wasser und das Feuer und der Stock und schließlich auch der Joggeli sich ihrer Aufgabe erinnern. Wenn einer in der Kette seinen Dienst verweigert, werden am Schluss keine Birnen im Korb liegen.

Aus diesen Erfahrungen könnte ein neues politisches Bewusstsein entstehen: Es gibt keine faktische Grundlage für das Gefühl der politischen Ohnmacht, das sich in den letzten Jahren verbreitet hat, im Gegenteil.

Wenn viele kleine Räder notwendig sind, damit die Maschine läuft, dann hat auch die kleinste Schraube plötzlich ein Vetorecht, trägt Verantwortung und besitzt Macht. Die

Einsicht in die Macht des Staates und gleichzeitig in jene des einzelnen Menschen: Das wäre die hoffnungsvolle Lektion in diesen unsicheren Zeiten.

Über dem Alpenraum
vorläufig eine stabile Lage

Mitte März des Jahres 2020 befand sich die Schweiz weiterhin im Einflussbereich einer ausgedehnten Hochdruckbrücke, die sich vom Atlantik über Mitteleuropa bis zum Schwarzen Meer erstreckte. Die Temperaturen kletterten in manchen Regionen über die Marke von zwanzig Grad. An den Wochenenden hatten viele Landsleute von diesem Prachtwetter profitiert. Ausflügler stürmten die Bergrestaurants und sorgten in manchen Skigebieten für Rekordeinnahmen. Darüber hätte man sich in normalen Zeiten freuen mögen. Aber leider herrschte seit dem 28. Februar »die besondere Lage«, und die Regierung hatte die Bevölkerung nachdrücklich gebeten, sich nicht in größeren Gruppen zu versammeln. Und sie tat es eben trotzdem. Wie man sich dieses Verhalten erklären kann? Die Behörden hatten lediglich eine Bitte geäußert, kein Gesetz erlassen, und das macht einen großen Unterschied.

Aber man lernt hierzulande rasch. Und zwar auf beiden Seiten. Als Konsequenz und in Anbetracht der überfüllten Bergbahnen rief die Regierung in Bern am Montag stracks den nationalen Notstand aus. Nach den Schulen mussten nun auch die Restaurants, Fitnesscenter und Schwimmbäder schließen.

Die Schweizerinnen und Schweizer auf der anderen Seite entwickelten in dieser kritischen Situation ein ungeahntes Talent zur Improvisation. Sie verlegten ihre Freizeitaktivitäten notgedrungen von den Skigebieten in die Parks und in die Stadtwälder.

Jene, die der Regierung folgten und nur für die unentbehrlichen Besorgungen das Haus verließen, wurden daran erinnert, dass es sich trotz Notstand weiterhin nur um eine *Empfehlung* handelte.

Und weil man in der Schweiz keine Verbote mag und auf die Eigenverantwortung der Bürger zählt, herrschte auf dem Weg in die Migros-Läden Ferienstimmung. Auf der Straße plauderten Familienväter mit anderen Familienvätern, die sich gemeinsam mit dem schulbefreiten Nachwuchs eine kleine Pause vom öden Homeoffice gönnten und bei der Gelegenheit einem kurzen Ballspiel frönten. Natürlich mit dem Sicherheitsabstand von zwei Metern. Frische Luft, das weiß schließlich jeder, hat noch keinem geschadet.

Erst die leeren Regale riefen einem wieder in Erinnerung, dass etwas aus dem Lot geraten war. Aber die aufsteigende Panik wurde sogleich von einer beruhigenden Stimme aus dem Lautsprecher zerstreut, die betonte, dass die Versorgung gesichert sei und man die Kundschaft bloß um Geduld bitte, wenn es wegen der erhöhten Nachfrage länger dauere, bis das Sortiment wieder aufgestockt sei.

In einem Land, in dem sonst alles perfekt funktioniert, ist es offenbar besonders schwierig, in einer Wirklichkeit anzukommen, in der überhaupt nichts mehr funktioniert. Das ist aber nicht schlimm. Das geht allen so. Sogar der höchsten Schweizerin, der Bundespräsidentin. Die Lage sei ernst, meinte sie anlässlich der historischen Pressekonferenz mit tiefer Stimme. Wie ernst, das ermaß sich an ihrer dringenden und unerhörten Aufforderung, für einmal auf den Ausflug mit der Wandergruppe und ebenfalls auf den Jass-Abend, das Schweizer Äquivalent zur Skatrunde, zu verzichten. Ja, das sei hart, ja, das sei schmerzhaft, meinte die Landesherrin mit Nachdruck und Verständnis, aber es sei unvermeidlich.

Auch der Direktor des Bundesamtes für Gesundheit gab sich redlich Mühe, der Bevölkerung die Dramatik mit anschaulichen Bildern zu verdeutlichen. Er sprach von den Kriegssirenen, die jetzt heulen würden, natürlich nur redensartlich. Auf die Frage, was die Eltern mit den Kindern anfangen sollten, meinte der Direktor dann erläuternd, ein Institut der Europäischen Union habe eine Studie veröffentlicht, die deutlich mache, wie wenig es bewiesen sei, dass Kinder eine entscheidende Rolle bei der Übertragung spielen würden, und folglich eine Richtgröße von ungefähr fünf Kindern angemessen sei – solange man den Nachwuchs dringend zum Social Distancing ermahne und selbstverständlich die Hände gut wasche.

Ein Direktor ganz nach hiesigem Geschmack. Von europäischen Studien lassen wir uns nur etwas vorschreiben, wenn es uns in den Kram passt. Dem Kindergeburtstag stand jedenfalls nichts im Weg, einzig auf das Toblerone-Fondue würde man für einmal verzichten müssen.

Nein, Panik war nirgends zu verspüren. Man fühlte sich nach wie vor gewappnet. Schließlich geben Herr und Frau Schweizer nach den USA weltweit am meisten Geld für ihr Gesundheitssystem aus, zehntausend Franken pro Kopf und Jahr, Greise und Säuglinge mitgerechnet.

Und genau wie Amerika ist auch die Eidgenossenschaft nicht besonders gut auf eine Pandemie vorbereitet. Möglicherweise sogar ebenso ausgesprochen schlecht.

Es gibt zu viele Kantone, sechsundzwanzig, um genau zu sein. Zwischen ihnen gab es wenig bis keine Abstimmung über die notwendigen Maßnahmen.

Intensivbetten gab es im Gegensatz dazu ziemlich wenige, bloß tausend. Gemessen an der Bevölkerung sind das drei Mal weniger als in Deutschland.

Diesen Rückstand glichen wir wieder aus durch die Fallzahlen. Weltweit gab es im März nur in Italien prozentual gesehen mehr Infizierte.

Und in einem Land, von dem es heißt, die wahre Macht liege nicht bei der Politik, sondern bei der Wirtschaft und dort vor allem bei der pharmazeutischen Industrie, in diesem Land mussten schon kurz nach dem Beginn der Pandemie die ersten Medikamente rationiert werden. Es waren nicht etwa die hochspezialisierten Arzneimittel, es waren die allergewöhnlichsten der gewöhnlichen Hausmittelchen, Paracetamol, Aspirin und alle anderen fiebersenkenden Analgetika.

Es ist wahr: Jede schmerzvolle Erfahrung hat auch eine positive Seite, sie macht unweigerlich klüger. Dies allerdings nur, falls sie einen vorher nicht umbringt. Und genau das wird leider vielen, zu vielen meiner Landsleute widerfahren. Es wird unnötig viele Tote geben, und die meisten werden nicht an einem Virus aus China sterben, ersticken werden sie an der helvetischen Ausprägung der menschlichen Dummheit.

Was mag die Ursache sein für diese fatalistische Blindheit, die suizidale Sorglosigkeit? Vielleicht ist das Land zu lange von Schwierigkeiten verschont geblieben. Wir Schweizer haben in den vergangenen Generationen für die eigene Existenz ein Gefühl wie Bruce Willis im Film »Unbreakable« entwickelt. Wir halten uns und unsere Gesellschaft für unzerstörbar. Gleichzeitig zeigt sich in dieser Verantwortungslosigkeit auch eine Verachtung der wirtschaftlich Erfolgreichen für jene, die auf der Strecke bleiben. Die unnötig verlorenen Menschenleben wird dieses Land verkraften. Sterben, so die herrschende Gleichgültigkeit, müssen wir schließlich alle. Deshalb die stets nachgeschobene und beruhigende Bemerkung, der an diesem Virus Verstorbene sei alt oder gesundheitlich vorgeschädigt gewesen. Schade wäre es nur um die Jungen, Starken und Gesunden.

Was den Schweizer nachhaltiger und tiefer ängstigt, ist der drohende wirtschaftliche Abstieg. So sorgte sich der Betriebsleiter einer Fabrik im Bündnerland, die Beatmungsgeräte herstellt, ganz gegen seine Natur über die ständig steigenden Preise für seine Produkte. Nicht etwa, weil er befürchtete, dass sie für die Krankenhäuser unerschwinglich werden. Nein, exorbitante Preise seien für seine Marke einfach reputationsschädigend. Der Manager will nicht als Krisengewinnler dastehen.

Und einige Professoren von der Eidgenössischen Technischen Hochschule gehorchten derweil dem ersten Reflex der Marktliberalen, wenn es eben dieser Markt nicht mehr richten kann: Wie während der Bankenkrise 2008 sangen sie plötzlich den Choral der segensreichen Staatshilfen. Neu und kreativ an ihrer Forderung war nur deren Höhe – sie beträgt frivole hundert Milliarden Schweizer Franken. Man fragte sich, ob irgendeiner dieser Ökonomen jemals auf die Idee kommen wird, diese ohne Zweifel benötigten Mittel in einer anderen Kasse zu suchen, zum Beispiel in jener der Banken am Zürcher Paradeplatz.

Nein, das Kapital hat nichts zu befürchten. Dieses Virus wird mit einigen Gewissheiten aufräumen. Das weltweite Privateigentum allerdings wird, so viel ist sicher, hierzulande auch in Zukunft Asyl finden. Denn im Gegensatz zu flüchtenden Menschen übertragen Sach- und Geldwerte keine ansteckenden Krankheiten.

Musste man deshalb verzweifeln? Keineswegs! Denn auch wenn die Geburtstagsfeier entfällt, 2020 ist ein Hölderlin-Jahr! Es gilt der berühmte Vers aus dem Gedicht »Patmos«: Wo aber Gefahr ist, wächst / Das Rettende auch.

Et voilà: Bald drehte der Höhenwind von nordöstlicher auf südwestliche Richtung und trug feuchtere und labilere Luftmassen in den Alpenraum. Die Temperaturen sanken, es kam also mit Regen.

Die Schweizer würden dann bestimmt, wie der Bundesrat empfohlen hat, endlich zu Hause bleiben. Und bei dieser Gelegenheit den verpassten Jass-Abend der Vorwoche nachholen. Die Richtgröße dieses famosen Direktors konnte man dabei nämlich einhalten. Zum Jassen braucht es nicht fünf, sondern nur vier Spieler. Und falls einer plötzlich ins Krankenhaus muss, reichen notfalls sogar drei.

Im Réduit

April 2020. In Zeiten der Pandemie ist Vertrauen eine entscheidende Ressource. Ein Teil der Öffentlichkeit besinnt sich deshalb auf bewährte Strategien und zieht sich ins geistige Réduit zurück. Hat schließlich schon das letzte Mal funktioniert. Menschlich ist das verständlich. Man fürchtet den Zusammenbruch der Ordnung durch die zersetzende Wirkung einer sogenannten Systemkritik. Kritisches und eigenständiges Denken ist ein Luxus, mit dem sich Zivilisten in normalen Zeiten die Langeweile vertreiben können. Etwas für den Sandkasten. Jetzt aber braucht es die ordnende Kraft einfacher und schlagkräftiger Konzepte. Führung und Gehorsam zum Beispiel. Unnötige Fragen verunsichern die Bevölkerung nur zusätzlich. Sicher, später wird es Gelegenheit zur Aufarbeitung geben. Wann genau? Im Frühsommer, so der zuständige Experte im Bundesamt für Gesundheit, werde das Schlimmste ausgestanden sein.

Im Frühsommer! Sehr gut! Das dauert nicht mehr lange! Schon bald wird die kritische Öffentlichkeit wieder erwachen und schonungslos die richtigen, die schmerzhaften Fragen stellen dürfen. So wie sie das immer getan hat und wie wir das von ihr gewohnt sind.

Aber jetzt ist keine Zeit dafür. Jetzt muss das Vaterland gerettet werden. Bis in den Frühsommer gibt es keine unterschiedlichen Interessen oder Meinungen, auch keine Parteien, es gibt nur das Wohl des Landes. Gezänk wäre unpatriotisch und kontraproduktiv. Freiwillig überlässt der verantwortungsvolle Bürger das Ruder seines Staatsschiffes nun den Experten, also jenen, die im Gegensatz zu uns ahnungslosen Laien etwas von der Sache verstehen. Und die Sache, das ist zuerst die Wirtschaft. Und wer versteht am meisten von dieser Materie? Natürlich die Bankiers. Der Beweis? Sie wissen, wie man die höchsten Boni kassiert. Wenn sie das Heil der bedrohten helvetischen Ökonomie nicht garantieren können, wer dann? Nur Verräter an der nationalen Sendung stellen die Frage, wo sich die Koryphäen der Finanzindustrie ihr Fachwissen in der Wahrung des Gemeinwohls erarbeitet haben. Jeder muss wissen, dass es vielfältige Qualitäten braucht, um sich bis in die Direktion einer Großbank zu boxen, bei Weitem nicht nur das Talent zur Profitmaximierung. Zwar fallen uns diese Qualitäten gerade jetzt nicht ein, aber im Frühsommer werden wir uns gewiss wieder daran erinnern.

Hat da jemand Eigennutz geflüstert? Ein perfider, ein lästerlicher Gedanke! Wie viel Prozent Zins verlangen die Geldhäuser für diese Kredite? Nullkommagarnichts! Ist das kein Beweis für den Gemeinsinn, der in schwierigen Zeiten das Land vereint? Wer da die Frage stellt, wer am Ende das Risiko für die Kreditausfälle übernimmt, der beweist zweierlei: erstens seine ökonomische Ahnungslosigkeit und zweitens seine unpatriotische Gesinnung.

Bis in den Frühsommer stellen nur Idioten die Frage, mit welchem Recht Unternehmen, die während Jahrzehnten Milliarden an Aktionäre und Management verteilt haben, nun zum Staat rennen, damit er mittels Kurzarbeitsentschädigung die Gehälter der Angestellten übernimmt.

Und nur unverbesserliche Kryptokommunisten stellen sich die Frage, warum weiterhin Entlassungen ausgesprochen werden und die Regierung keinen Kündigungsstopp erlassen hat. Auch Freistellungen geschehen aus reinem Patriotismus, aus der Sorge um das Gemeinwohl.

Und was antwortet der Eidgenosse dem berühmt gewordenen Coiffeurmeister, wenn er sich in einer schlaflosen Nacht fragen sollte, warum er in all den fetten Jahren täglich zwölf Stunden in seinem Laden gestanden hat, es aber trotzdem nicht gelungen ist, auch nur die kleinsten Reserven zu bilden, die ihm jetzt durch diese Krise helfen würden? Wir antworten zwar föderal vielstimmig, aber eben trotzdem im Chor: Verzage nicht! Es gibt diese Reserven! Einfach nicht bei euch Coiffeurmeistern. Auch hier hat die freundeidgenössische Solidarität funktioniert. Die Großgrundbesitzer haben dir die schändliche Geldhamsterei abgenommen, bei ihnen liegt der schöne Notvorrat!

Nein, bis in den Frühsommer soll sich kein Figaro an die Immobilienpreisentwicklung der letzten Jahre erinnern. Die Charts ähneln zu sehr jenen der Fallzahlen. Das schlägt nur aufs Gemüt und könnte ihn daran hindern, seiner patriotischen Pflicht nachzukommen und nicht zu seiner Hausbank zu rennen. Er soll jetzt nicht denken, er soll sich verschulden. Damit er auch in den nächsten Jahren seine saftige Miete bezahlen kann, für die Liegenschaft, die zu einem Gutteil der Bank gehört, die ihm diesen Kredit gewährt.

Und falls der arme Mann wegen Überarbeitung und Herzinfarkt nicht bezahlen kann? Dann wird die Allgemeinheit für den Ausfall einstehen. Genial! Patriotisch ist, wenn die Banken ihr Geld bekommen. Das versteht der Coiffeurmeister nicht? Natürlich nicht! Wie auch? Er ist ein Frisör! Wie soll einer wie er etwas von komplexen wirtschaftlichen Zusammenhängen verstehen? Er schneidet Haare, herrje!

Man sollte das Denken den Pferden überlassen, die haben die größeren Köpfe. Und vielleicht auch eine Antwort auf die Frage, warum der Direktor des Bundesamtes für Gesundheit und die Kommissionspräsidentin ihre Einleitung zum Pandemieplan im Jahr 2018 mit der Formel »Viel Vergnügen« unterschrieben haben. Im Frühsommer werden wir hoffentlich auch dafür eine Erklärung bekommen.

Und auch auf welchen Wegen die Herren Wirtschafts- und Finanzminister zur Entscheidung gekommen sind, dass wir so schnell wie möglich zur wirtschaftlichen Normalität zurückkehren sollten – natürlich, wie sie betonen, unter Berücksichtigung der gesundheitlichen Aspekte. Aber eben in dieser Reihenfolge. Unter Berücksichtigung. Eines nach dem anderen. In welchen Gremien die Bundesräte diese Fragen über Leben und Tod wohl diskutiert haben? Welche Argumente wurden abgewogen? Und mit wem? Mit ihren Priestern? Im Namen Gottes des Allmächtigen, mit der rechten Hand auf der Bundesverfassung? Gibt es Ethiker im Finanzdepartement? Oder hat man das auch gleich mit den Bankiers erörtert? Und was man dort wohl unter Normalität verstehen könnte? Diese dummen, ignoranten Fragen!

Trotz aller geistigen Landesverteidigung reloaded soll es ein paar Unverbesserliche geben, die der Meinung sind, es sei nicht Sabotage, auf das Loch im Feuerwehrschlauch hinzuweisen, es sei vielmehr ein Akt der Verantwortung.

Und es gibt auch noch solche, die meinen, dass die Krise vielleicht akut, die Bedrohung für unsere Risikogesellschaft allerdings chronisch sei.

Und es gibt ferner ein paar Naive, die sich allen Ernstes die Frage stellen, warum es dieser globalisierten Wirtschaft gelingt, die profitablen, nicht aber die notwendigen Güter- und Dienstleistungen zur Verfügung zu stellen. Und was wir an diesem System ändern müssten, um dies möglich zu machen. Warum sich zum Beispiel der Kanton Zürich eine Maschine beschaffen musste, um die eigene Bevölkerung mit dem allereinfachsten Hygieneutensil zu versorgen, mit einer Gesichtsmaske nämlich. Warum die entsprechenden Fabriken nicht mehr in Biberist stehen. Sondern in Wuhan. Und ob dieses Allokationsproblem vielleicht nicht nur Zellulose betrifft, sondern auch Information, Bildung, Nahrung und Medikamente. Die einfache Frage, was es uns als Gesellschaft kostet, an den Bedürfnissen der Mehrheit vorbei zu produzieren.

Es gibt noch Menschen, die wissen, dass auch jenem, der nicht zu fragen wagt, früher oder später eine Antwort präsentiert werden wird.

Jemand, der sich tatsächlich um das Gemeinwohl sorgt und darin die kommenden Generationen einschließt, sollte seine

Fragen nicht aufschieben. Jede und jeder, der und dem etwas an dieser Gesellschaft liegt, wird sich fragen müssen, warum wir nicht in der Lage waren, uns frühzeitig einer drohenden Gefahr zu stellen und die richtigen Entscheidungen zu treffen. Und was diese Gesellschaft, als Ganzes, in Zukunft unternehmen muss, um jenen Gefahren zu begegnen, die im Gegensatz zur Pandemie neu und darüber hinaus um ein Vielfaches bedrohlicher sind, mehr verlangen als ein Pflichtlager für zwei Monate. Sie werden Entscheidungen von uns fordern, von deren Ausmaß wir uns keine Vorstellung machen. Wir sollten nicht warten und uns endlich dieser Verantwortung stellen, jetzt, noch in diesem Frühling.

Apropos: Im März, so melden die Meteorologen, stieg die Temperatur im landesweiten Mittel 0,8 Grad über die Norm der letzten vierzig Jahre. Die Niederschlagsmengen hingegen blieben unter der Norm. Es war überdurchschnittlich warm, trocken und sonnig. Ist das vielleicht schon der Frühsommer?

Ohne Vorbehalt

Anfang Mai 2020. In ein paar Tagen versammeln sich die eidgenössischen Räte zur Sondersession in einer Berner Messehalle – und falls die Ereignisse ihren vernunftgemäßen Gang nehmen und die Abgeordneten die richtigen Lehren aus den Ereignissen der vergangenen Wochen ziehen, dann werden sie das Ende des bisherigen sozialen und wirtschaftlichen Systems erklären und die Revolution ausrufen.

Wir glaubten, in einer Demokratie zu leben. Jetzt verstehen wir, dass es sich um eine Demokratie unter Vorbehalt handelt.

Wir meinten, unsere Ökonomie funktioniere nach den Prinzipien des freien Marktes. Nun müssen wir endgültig einsehen: Auch diese Marktwirtschaft steht unter einem Vorbehalt.

Und wir, die davon ausgingen, dass die Grundsätze des humanistischen Menschenbildes unverhandelbar seien und jeder Mensch über eine unantastbare Würde verfüge, so wie es der Artikel 7 unserer Bundesverfassung garantiert, der muss sich nun eingestehen: Auch diese menschliche Würde stand die ganze Zeit unter einem Vorbehalt.

Man kann und muss dies beklagen. Aber jede Enttäuschung enthält gleichzeitig die Einsicht in die wirklichen Verhältnisse. Und erst diese Einsicht schafft die Voraussetzung für eine Veränderung. Und verändern müssen wir viel. Denn diese Systeme unter Vorbehalt gefährden unsere Zukunft als Bürger einer freien Gesellschaft, ja sogar unsere Zukunft als Menschheit.

In der Schweiz wurde die Demokratie am 15. März 2020 vorübergehend außer Kraft gesetzt. An jenem Tag beschlossen ein paar Frauen und Männer, das nationale Parlament zu beurlauben und die laufende Frühjahrssession von einem Moment auf den anderen abzubrechen. Es gab keine Abstimmung, nicht in der großen, nicht in der kleinen Kammer. Es waren die Büros des National- und des Ständerates, die diese in der Geschichte des Bundesstaates einmalige Entscheidung trafen. Es ist unklar, wie sie dazu kamen, sich selbst und das legislative Verfassungsorgan kurzerhand zu amputieren. Es gab dazu keine Notwendigkeit. Die Möglichkeiten, den Ratsbetrieb trotz Pandemie aufrechtzuerhalten, waren zahlreich. Man hätte die Fraktionen nach dem Pair-Prinzip proportional verkleinern und gewisse Beratungen und Kommissionssitzungen online durchführen können. Jedenfalls unternahm keines unserer Nachbarländer, denen wir uns als Schweizer durch die direkte Demokratie so oft überlegen fühlen, auch nur Vergleichbares. Sogar das vielgeschmähte EU-Parlament tagte, und die Abgeordneten in Brüssel wagten etwas, was die eidgenössischen Abgeordneten für sich selbst ausgeschlossen hatten und wozu sie von den Bürgern gewählt wurden: Sie diskutierten die Anträge ihrer Fraktionen und stimmten sogar darüber ab.

In der Schweiz entschied man sich für einen anderen Weg. Hier überließ das Parlament Wohl und Wehe des Landes der Exekutive. Nun bestimmte ein Gremium von sieben über die Zukunft von acht Millionen. Und bald reichten dem Bundesrat die Befugnisse, die ihm die »außerordentliche Lage« gemäß Epidemiengesetz verschaffte, nicht mehr. Denn jene Bürgschaften, die die Liquidität der Wirtschaft, vor allem aber die Kreditausfälle der Finanzinstitute sichern, konnten nur nach Artikel 185 der Bundesverfassung erlassen werden. Das ist die verfassungsrechtliche Neutronenwaffe, die frei von irgendwelcher Kontrolle sämtliche Gesetze, Grundrechte und Institutionen außer Kraft setzt und alle Macht der Regierung überträgt. Diesen Artikel 185 umweht der Ruch der Diktatur, und deshalb ist seine Anwendung zu befristen und auf jene Fälle beschränkt, in denen die innere oder äußere Sicherheit der Schweiz bedroht ist.

Doch selbst wenn die Schweizer Bevölkerung der ungeteilten Ansicht sein mag, diese Gefahr habe in den letzten Wochen bestanden, so wird es gewiss unterschiedliche Meinungen darüber geben, mit welchen Mitteln dieser Gefahr begegnet werden soll. Aber wie sollen diese Meinungen zum Ausdruck kommen? Wer soll die verschiedenen Interessen formulieren – wenn nicht die gewählten Volksvertreter? Und falls die Maßnahmen dringlich waren und keine Zeit für eine parlamentarische Beratung blieb: Warum hat man sie nicht vorgängig diskutiert? Diese Pandemie war voraussehbar. Der Bundesrat selbst hat in seinen beiden Risikoberichten eben eine solche Pandemie zusammen mit der Strommangellage als größte Gefahr für unser Land bezeichnet. (Apropos: wie gut ist die Schweiz auf einen Blackout vorbereitet? So schlecht wie auf diese Pandemie? Montag wäre für das Parlament Gelegenheit, die richtigen Fragen und die nötigen Maßnahmen zu treffen.)

Nach 2008, nach der Rettung der Großbank UBS, ist es das zweite Mal, dass der Bundesrat an den rechtsstaatlichen Instanzen vorbei regiert. Die Regierung verschleiert dabei nicht einmal, in welchem Interesse sie handelt und wem sie das Ohr schenkt. So steht auf der entsprechenden Website fast frivol ehrlich: »Das Eidgenössische Finanzdepartement EFD beobachtet die Lage weiterhin genau, in enger Zusammenarbeit mit dem WBF, der FINMA, der SNB und den Banken.«

Hier steht es schwarz auf weiß: Das Wohl des Landes ist synonym mit dem Wohl der Finanzwirtschaft und der Börse und wird mittels Notrecht gegen die anderen Interessen durchgesetzt.

Damit sind wir beim zweiten Punkt. Unsere Ökonomie funktioniert nach den Prinzipien der freien Marktwirtschaft – allerdings nur unter dem Vorbehalt, dass dieser freie Markt zuverlässig Wachstum und Gewinne produziert. Die unternehmerische Freiheit bedingt das unternehmerische Risiko – warum haben sich die Betriebe nicht für den Fall einer Pandemie gewappnet? Man hat sie schließlich kommen sehen. Und die Profite unserer globalisierten Wirtschaft korrelieren stark mit den Risiken einer solchen Pandemie. Es war den Aktiengesellschaften möglich, über Jahre Milliarden aus den Unternehmen abzuziehen und zu den Shareholdern zu verschieben. Jetzt, da man diese Gewinne brauchen würde, um die Wirtschaft durch diese Krise zu bringen, ist kein Geld mehr da? Entweder muss das Parlament die Unternehmen zwingen, sich gegen diese Gefahren zu wappnen, Versicherungen abzuschließen oder Rückstellungen zu tätigen, oder im anderen Fall diese Unternehmen vollumfänglich den Schäden aussetzen.

Was wir bereits während der Finanzkrise lernen mussten, bewahrheitet sich ein zweites Mal: Bis heute werden in diesem System Gewinne privatisiert und die Verluste sozialisiert. Die Prämisse lautet, um jeden Preis die Gewinne der Kapitalisten zu sichern. Und sie wissen den Bundesrat unter der rechtsbürgerlichen Kontrolle als Komplizen. Millionen an die Aktionäre ausschütten und sich gleichzeitig die Gehälter der Mitarbeiter von der Allgemeinheit subventionieren lassen? Das ist die legale Praxis im Frühjahr 2020. Für die Mehrung des Profits muss nun auch die Arbeitslosenversicherung herhalten. Vielleicht mögen sich die Arbeitnehmenden bei der nächsten Lohnabrechnung daran erinnern, dass sie mit ihren Abzügen die Aktionäre subventionieren.

Es ist deshalb betrüblich, aber nicht erstaunlich, wenn die Apologeten dieses Systems auch den Menschen lediglich als

Kostenfaktor begreifen. Selbst die menschliche Würde steht unter einem Vorbehalt. Tatsächlich reichen ein paar Tage Lockdown, bis sozialdarwinistische und faschistische Ideen in der Öffentlichkeit unwidersprochen diskutiert werden dürfen. Aber in einer Gesellschaft, die sich am Humanismus orientiert, bezieht das menschliche Leben seinen Wert weder aus seiner Produktivität noch aus dem Alter oder den noch zu erwartenden Lebensjahren. Die Würde des Lebens ist voraussetzungslos und durch sich selbst gegeben. In einer humanistischen Gesellschaft wird jeder Mensch in seiner Einzigartigkeit gesehen. Das staatliche Handeln muss sich am Wohl des Einzelnen messen lassen. In einer humanistischen Gesellschaft hat ein alter Mensch nicht weniger Rechte als ein junger, ein Kranker nicht weniger als ein Gesunder. Es ist erschreckend, wie wenig verankert diese Haltung ist. Hier zeigt sich eine Erosion des Fundamentes, auf dem eine freiheitliche Ordnung aufbauen muss. Dieses Fundament ist mit keiner Rechtsordnung durchzusetzen, es bildet überhaupt erst die Voraussetzung für diese Rechtsordnung. Man muss die Schulen, die Universitäten, die Kirchen, die Zivilgesellschaft ermahnen, die historischen Zusammenhänge und die ethische Notwendigkeit eines aufgeklärten, humanistischen Menschenbildes zu diskutieren und ohne Unterlass in Erinnerung zu rufen.

Denn wir brauchen dieses Selbstbewusstsein des freien Menschen ganz dringend. Demokratie ist keine Staffage, und Parlament ist keine Plauderstube für profitable Zeiten. Es ist der Ort, an dem unsere legitimen und unterschiedlichen Interessen zur Sprache kommen und verhandelt werden. Es geht dabei keineswegs um die aktuelle Krise. Und es geht auch nicht um eine Beurteilung, wie gut oder wie schlecht der Bundesrat uns durch die letzten sechs Wochen gebracht hat. Das Corona-Virus werden wir gewiss überstehen. Es geht vielmehr um die nächsten Herausforderungen. Sie werden um ein Vielfaches größer sein.

Im Mai 2019 erschien der Biodiversitätsbericht der Vereinten Nationen. Er zeichnete ein apokalyptisches Bild vom Zustand unserer Umwelt. Das erste Quartal dieses Jahres war das zweitwärmste seit Beginn der Messungen.

Wenn wir als Gesellschaft diese Herausforderung bewältigen wollen, brauchen wir die demokratische Mitbestimmung der gesamten Gesellschaft – ohne Vorbehalt. Das Parlament muss dafür ab Montag die notwendigen Gesetze schaffen und die verfassungsrechtlichen Fragen, die der Einsatz des Notrechts stellt, endlich klären.

Wir brauchen eine Wirtschaft, die nicht eventualvorsätzlich handelt. Eine Wirtschaft, die ihre externen Risiken und Kosten vollumfänglich integriert – ohne Vorbehalt.

Und wir brauchen ein Menschenbild, das den einzelnen Menschen, egal welcher Herkunft, Geschlecht, Alter ins Zentrum der Politik stellt – ohne Vorbehalt.

Das wäre eine Politik der Vernunft, das ist die Revolution, die von Bern ausgehen muss.

Die schweizerische Todesverachtung

Juli 2020. Weltweit wehren sich Bürger dagegen, in der Öffentlichkeit eine Gesichtsmaske zu tragen, und auch meine Landsleute griffen erst zu diesem Hygieneutensil, nachdem sie eine Verordnung der schweizerischen Regierung dazu gezwungen hat.

Obwohl es schon vorher die dringende behördliche Empfehlung gab und die entsprechenden Zahlen seit längerem nur in eine Richtung zeigten, erblickte man weder in Bahn noch Bus noch Baumarkt eine mundundnasengeschützte Seele. Und ich will hier eingestehen, wie automatisch ich auf die Reflexe eines miesepetrigen Schriftstellers verfiel, der in diesem Verhalten beinahe berufsmäßig Leichtsinn und Verantwortungslosigkeit zu erkennen meint, doch weil ich gelernt habe, dass auch ich manchmal in die Falle der eigenen kognitiven Blindheit tappe und häufig nur das sehe, was ich sehen will, habe ich mein Urteil einer gründlichen Prüfung unterzogen und bin zum Schluss gekommen, dass der Grund nicht wie angenommen in Sorg- oder Gedankenlosigkeit zu finden ist und die Menschen sich der Gefahr sehr wohl bewusst sind, diese Gefahr allerdings nicht fürchten und eine besondere Todesverachtung entwickelt haben, eine Todesverachtung, die sie mit ihren Vorfahren gemein haben, denn wie der Historiker Walter Schaufelberger in seiner berühmten Studie »Der Alte Schweizer und sein Krieg« feststellt, wurde schon damals »[...] auf rücksichtslose Wirkung der Angriffswaffen größten Wert, auf Schutz und Bewahrung des eigenen Leibes dagegen wenig Gewicht gelegt«.[1]

---

1 Walter Schaufelberger: Der Alte Schweizer und sein Krieg. Zürich: Europa Verlag, 1952, S. 23.

Nun kämpfen Schweizerinnen und Schweizer heute nur selten gegen Habsburger und dienen auch nicht als Söldner in französischen Heeren, aber die soldatischen Tugenden bewähren sich auch auf den Schlachtfeldern der internationalen Konkurrenz, und wer im Wettbewerb bestehen und zu den produktivsten Nationen der Welt gehören will, der sollte sich sein Hasenherz aus dem Leib reißen und sich von einem dahergelaufenen ostwestchinesischen Virus mit einer Letalität von nullkommairgendetwas auf tausendwasweißich Einwohner bestimmt nicht die Strategie oder Taktik vorschreiben lassen.

Deshalb ducken sich meine kühnen Landsleute nur unter der Androhung von behördlichem Zwang hinter einen Zellulosefetzen, der vielleicht das Gesicht verhüllt, aber gleichzeitig die feige und asoziale Geisteshaltung eines Defätisten offenbart, einer jener humanistischen Jammerlappen, die nicht einsehen wollen, wie heilvoll diese Krise die Flur bereinigt und alle überflüssigen Triebe ausgeizt, was im Einzelfall vielleicht bedauerlich sein mag, den Organismus als Ganzes aber stärker macht, eine Lektion, die gerade Künstler nicht hören wollen, da es in ihrem Segment große Überkapazitäten gibt, in der Musik zum Beispiel, wo zahlreiche Musikanten herumlungern, zu unflexibel, sich dem Strukturwandel ihrer Industrie durch den Markteintritt der Streamingportale anzupassen und die, während sie geduldig wie Ochsen auf die versprochenen Almosen warten, sich nicht entblöden, in aller Öffentlichkeit darüber zu jammern, dass ihr Bestand nun rigoros auf eine gesunde Größe reduziert wird. Kunst, ja, das will man hier gar nicht leugnen, Kunst ist wichtig und notwendig, aber wer hat gesagt, dass man dazu Künstler braucht? Seine Tauglichkeit beweist jetzt auch das in der Breite der Bevölkerung betriebene Yoga. Und wer trotz Tiefenatmung gelegentlich von einer Restangst in Form einer morgendlichen Panikattacke heimgesucht wird, dem stehen die bekömmlichen Rotweine aus der Bündner Herrschaft oder die breite Palette von Anxiolytika, Sedativa und Hypnotika aus heimischer Produktion zur Verfügung. Wie meint der Volksmund so treffend: Sorgen und Ängste sind wie ein Schaukelstuhl. Sie halten dich in Bewegung, aber sie bringen dich nirgendwo hin. Hierzulande hat man sie nun endlich überwunden.

Ein sehr politisches Gefühl

Mitte September. Die schönsten Tage des Jahres. Der Himmel ist klar und leer wie ein Bergsee. Die Schatten lang, das Licht legt über alles einen goldenen Schimmer. Als wär's den ganzen Tag lang Abend. In der Dämmerung leuchtet das Violett der Hortensien tief und unwirklich. Dann fällt die Nacht plötzlich, wie ein Vorhang. Alle Hoffnung, man begreift es, war vergeblich. Der Sommer wird nicht bleiben.

Es wird jetzt kälter und die Gespräche werden leiser. Man zündet wieder Kerzen an, und zwischen zwei Sätzen schleicht sich häufiger eine gedankenvolle Stille. Man fühlt einen Verlust, ein leises Sehnen, eine angstvolle Unruhe. Wer freut sich auf die dunkle Jahreszeit? Wer glaubt noch an seinen Vorteil? Diktatoren vielleicht und ein paar unverbesserliche Zyniker. Wer aber ein Herz hat, der fühlt es von Sorge erfüllt.

Es wünscht sich jetzt Ruhe, dieses Herz, es wünscht sich Rückzug und Geruhsamkeit. Kein Geschrei. Kein Lärm. Aber das wird ihm kaum gewährt. Die Welt ist laut wie immer. Die Wälder brennen. Die Fallzahlen steigen. In den Palästen tanzt der Wahnsinn, und in den Straßen gärt die Wut.

Die Wut. Das ist das Gefühl der Stunde. Sie ist überall. Die Wut regiert. Wut über die Dummheit, die Eigensucht und die Gier. Die Wut über das hohle Gerede, über den Kleingeist und über die Verlogenheit. Wut über die Ausweglosigkeit, Wut über die enttäuschten Hoffnungen, Wut über den Betrug und die eigene Ohnmacht. Wut auf alles und auf jeden.

Wut bewegt und verändert. Wut macht Politik. Sie treibt selbst die satten Bürger auf die Straße, die Jugendlichen für die Umwelt, die Idioten gegen Corona.

Wut malt Transparente, schlägt Schaufenster ein, Wut skandiert und pöbelt. Wut zerstört und erschafft, sie stürzt und schiebt, treibt und tötet. Wut ist das Prinzip des Handelns. Wut hat entschieden. Sie zweifelt nicht. Die Wut hat verstanden. Sie weiß, wer die Bösen sind. Sie kennt die Verantwortlichen, das Unrecht und die Mittel, es zu tilgen. Die Wut weiß, was zu tun ist.

Die Wut kann Vieles, aber eines vermag sie nicht. Wut kann nicht denken.

Wenn uns das Denken erst zu Menschen macht, dann liegt an unserem Anfang nicht die Wut.

Am Anfang des menschlichen Bewusstseins ist eine andere Empfindung. Eine Empfindung, die zu dieser Jahreszeit, den Herbst, gehört. Die Empfindung für den Verlust, das Gefühl, etwas zu verlieren, die Angst, etwas Kostbares nicht in den Händen behalten zu können. Es ist das Gefühl für die Zerbrechlichkeit alles Lebendigen. Das Gefühl für die Zeit. Für die Vergänglichkeit. Es ist Einsicht, wie kostbar jeder Augenblick ist, einerlei, ob er Freude oder Leid bringt. Er ist kostbar, weil er einzigartig ist und niemals wiederkommt. Er entsteht, existiert und ist mit dem nächsten Atemzug schon wieder vergangen. Das ist die Prämisse der menschlichen Existenz.

Und da die Anzahl dieser Augenblicke, die ein Mensch erleben darf, endlich und beschränkt ist, und da alles, was ist, früher oder später vergeht und stirbt – müsste sich dann nicht jeder Mensch beständig fragen, was er mit seiner knappen Zeit anfangen will? Was wichtig ist? Und wofür sich Kraft und Liebe lohnt? Und folgt aus dieser Frage nicht zwingend der nächste Gedanke, was mich nämlich hindert, aus dieser Erkenntnis heraus mein Leben zu leben, zu gestalten, zu teilen? Warum vergeuden wir so oft unsere kostbare Zeit, verschwenden sie für Nebensächliches, Unnützes, Schädliches? Warum tun wir so, als könnten wir irgendetwas auf später verschieben? Aber später gibt es nicht. Später ist alles weg, verloren, vergangen.

Am Anfang dessen, was uns zu Menschen macht, ist die

Einsicht in die Vergänglichkeit. Und deshalb steht am Anfang des Denkens und damit am Anfang der Philosophie, der Politik, am Anfang der Kunst und am Anfang der Religion ganz gewiss nicht die Wut. Am Anfang der menschlichen Kultur steht die Trauer.

Seltsam nur, wie selten sie ein Gesicht bekommt.

Wir misstrauen ihrer Darstellung, halten sie für betulich und interessant nur für die Erbauungsliteratur. Man hat sie der Frömmlerei überlassen.

Wenn sie doch der Anfang ist, warum kümmert sich sonst niemand um sie?

Wer traurig ist, braucht nicht viel. Er isst wenig, es verlangt ihn weder nach neuen Kleidern noch nach teurem Schmuck. Der letzte Schrei ist ihm egal. Einem Trauernden mag man nichts verkaufen, außer natürlich, man ist Bestatter oder Schurke. Alle anderen werden warten und sich gedulden.

Scham hat sich der moderne Mensch zum größten Teil abgewöhnt. Er kann sie sich nicht leisten. Er muss seine Haut schließlich zu Markte tragen und sich von allen Seiten zeigen, seine Muskeln, seine Kurven, seine Narben.

Das Auge ist überall, aber Tränen sieht man auf Facebook und Instagram selten. Tränen verlangen lebendige Gegenwart, nicht distanzierte Betrachtung. Einen weinenden Menschen nimmt man in seiner Trauer in den Arm. Man reicht ihm ein Taschentuch. Tränen wirken in der Nähe, dann mögen sie trösten und beruhigen. Aber in der Distanz erscheinen sie falsch, geheuchelt. Da man nichts tun und den Weinenden nicht trösten kann, fühlt man sich peinlich berührt. Und beschämt wendet man seinen Blick ab.

Genau diese Geste will die Aufmerksamkeits-Ökonomie mit allen Mitteln verhindern.

Und die Politik macht von ihr keinen Gebrauch, weil man sie für passiv hält. Der Trauernde will in Ruhe gelassen werden, er empört sich nicht.

Deshalb findet die Trauer keine Darstellung und ist aus der

öffentlichen Sphäre ausgeschlossen, so sehr, dass es mittlerweile fast abwegig erscheint, sie in die Öffentlichkeit zu tragen und zu teilen, sie zum Ausgangspunkt einer Veränderung zu machen.

Aber genau das wäre wichtig und nötig. Denn Trauer ist vielleicht schmerzhaft, sie zweifelt und fragt, sie nagt und quält, aber sie ist ehrlich. Falsches Mitleid, verlogene Gesten und Heucheleien erkennt sie augenblicklich. Trauer ist analytisch. Sie will verstehen. Trauer ist neugierig, sie fürchtet sich nicht vor der Erkenntnis. Nur einsam ist sie gefährlich und mitunter tödlich. Sobald man sie mit anderen teilt, wird sie fruchtbar, schöpferisch und heilt. Trauernde Menschen werden sich ihrer Lebendigkeit bewusst. Trauer führt zu Sorgfalt. Weil sie das Gegenüber empfindet und einschließt, das Du. Nur durch die Trauer begreifen wir, das alles, was wir lieben und benötigen, von der Vergänglichkeit bedroht ist.

Und haben wir Zeitgenossen nicht allen Grund zur Trauer? Empfinden wir nicht täglich den Verlust, gerade in diesen Tagen? Was gerade noch gültig und heilig war, ist heute bloß ein schlechter Witz. Die alte Sicherheit und die Gewissheit ist verloren. Der Glaube an die Verbindlichkeit gewisser Regeln und Begriffe. Das Vertrauen in die Zukunft. Sogar die Worte verlieren ihre Bedeutung. Und mit jeder neuen Technologie, mit jeder Restrukturierung verlieren wir auch ein vertrautes Instrument und einen Ort der Geborgenheit. Gar nicht zu reden von den Menschen, die wir unterwegs verlieren, auf dem Weg nach – ja, wohin denn eigentlich?

Wohin wollen wir? Es ist diese Frage, die am Anfang der Politik steht. Durch das »Wir« bringt sie die Gesellschaft zur Sprache, sie formuliert das Ziel, das wir uns stecken könnten.

Wäre es deshalb nicht klug, der Jahreszeit zu folgen? Warum nicht einmal die Tränen in die Straßen tragen? Müssen wir, damit wir statt Wut wieder einmal Freude empfinden könnten, nicht zuerst den Mut zur Trauer haben?

Wir könnten in diesem Herbst für einmal die Trauer organisieren und unsere Tränen zur Politik erheben. Sie wäre vielleicht leise, aber es wäre eine Politik der Sorgfalt, der Rücksicht und des Anstands.

Anhang

Nachbemerkung

Entstanden sind die vorliegenden Texte zwischen 2017 und 2020. Schon bevor eine Pandemie ihr Werk der Zerstörung begann, waren es keine ruhigen Zeiten. Der westliche Lebensstil, der in der zweiten Hälfte des zwanzigsten Jahrhunderts kulturell und wirtschaftlich die Hegemonie besessen hatte, verlor rasch und gründlich seine Bindungskraft. Die Widersprüche wurden offensichtlich. Die folgenden Erschütterungen ließen keinen Bereich der Gesellschaft aus. Die digitale Revolution traf auf die Energiekrise, der Klimakollaps auf die Migration, die Überalterung auf das schwindende Vertrauen in die politischen Institutionen und den Kampf marginalisierter Gruppen um soziale Anerkennung.

Jede dieser Krisen schien mit den anderen verbunden zu sein. Wie genau diese wechselseitigen Abhängigkeiten wirkten, war schwer auszumachen. Von Tag zu Tag wuchs das Misstrauen. Der Mitmensch wurde vom Konkurrenten zum Feind. Linderung von den Zumutungen versprach nur die Arbeit am eigenen Selbst, am eigenen Atem, an den eigenen Lebensroutinen. Gemeinsam Lösungen zu entwickeln wurde kaum mehr versucht.

Anlass dieser Texte war die Neugier und das Bedürfnis, diese seltsame, verwirrende und gleichzeitig furchtbar interessante Zeit besser zu verstehen. Um eine Sache untersuchen zu können, muss man sie zuerst von sich wegrücken. Das deutsche Verb »auseinandersetzen« beschreibt diesen Vorgang sehr genau. Mit der Aktualität, mit den Ereignissen des Tages, fällt dies allerdings schwer. Immerhin ist der Betrachter als Zeitgenosse von den Katastrophen unmittelbar betroffen, verängstigt von den Anschlägen, empört über die Skandale – und vor allem ist er häufig überwältigt vom kakophonischen Chor der Stimmen um ihn herum.

Deshalb schienen mir die literarischen Mittel auch in diesem Fall tauglich und hilfreich. Die aufmerksame Beobachtung der eigenen Umwelt ermittelt den Stoff. Durch das Studium der Klassiker entsteht die historische Perspektive. Die kritische Betrachtung der eigenen Gefühle macht die Informationen erst verständlich. Reine Daten kann der Mensch nicht verarbeiten. Er muss sie gewichten, bewerten, er muss ihnen einen Platz geben im Haushalt seiner Gefühle. Eine hohe Empfindlichkeit ist nur dann ein Problem, wenn die Skalen nicht zu den Ausschlägen passen. Und wer meint, ich hätte mich manches Mal vertan, dem möchte ich nicht widersprechen. Schließlich ist der Irrtum menschlich, und ich wüsste nicht, welches Prädikat ehrenvoller wäre.

Zürich / Paris, Herbst 2020
Lukas Bärfuss

Nachweis der Erstdrucke

I

Storytelling. Zuerst erschienen unter dem Titel: »Hört auf mit Euren Geschichten!« in: Die Republik, 19. 1. 2019.

Wahrheit und Wirklichkeit. Zuerst erschienen in: Historische Urteilskraft 2 (2020), Magazin des Deutschen Historischen Museums, Berlin.

Das Ulmensterben. Zuerst erschienen in: Text und Kritik, Heft 227: Lukas Bärfuss, August 2020.

Alle lachen, niemand weiß, worüber. *Zu Anton Tschechows »Der Kirschgarten«*. Zuerst erschienen im Programmheft zur Inszenierung »Der Kirschgarten« von Yana Ross am Schauspielhaus Zürich, Dezember 2019.

Die Leere. *Zu einigen Bildern von Shirana Shahbazi*. Zuerst erschienen in: Parkett: Vol. 94 (2014).

Söckchen und Gamaschen. *Zu Tizians »Verkündigung«*. Aufgeführt im Rahmen der Produktion *Das Theater der Bilder*, Theater Basel, Mai 2020.

II

Postdemokratie? Zuerst erschienen unter dem Titel »Der Begriff Postdemokratie ist untauglich und gefährlich« in: Rimini Protokoll: Staat 1-4, Phänomene der Postdemokratie, hg. von Imanuel Schipper, Verlag Theater der Zeit, 2018.

Identitätspolitik. Zuerst erschienen in SonntagsBlick, Juli 2019.

Bona Fide. Zuerst erschienen in SonntagsBlick, Februar 2020.

Die Rabenmutter. Zuerst erschienen unter dem Titel »Die Natur ist eine Rabenmutter« in SonntagsBlick, Mai 2019.

Asia Level. Zuerst erschienen in SonntagsBlick, Dezember 2019.

Komplizen der Korruption. Zuerst erschienen in SonntagsBlick, Juli 2020.

Das Unglück der Kleinfamilie. Zuerst erschienen in Sonntags-Blick, August 2019.

Natural Selection. Zuerst erschienen in SonntagsBlick, Februar 2019.

Dark Mode. Zuerst erschienen in SonntagsBlick, Juli 2019.

Die Erlösung durch Dörrobst. Zuerst erschienen in Sonntags-Blick, September 2019.

Jeder liest für sich alleine. Zuerst erschienen in SonntagsBlick, Januar 2019.

Von Ochsen und Pferden. Zuerst erschienen in SonntagsBlick, März 2019.

Symmetrische Demobilisierung. Zuerst erschienen in Sonntags-Blick, Oktober 2019.

Anarchy in Switzerland. Zuerst erschienen in SonntagsBlick, Dezember 2017.

III

Der Tausch. Zuerst erschienen in SonntagsBlick, August 2020.

Birnen schütteln. Zuerst erschienen in Sonntagsblick, März 2020.

Über dem Alpenraum vorläufig eine stabile Lage. Zuerst erschienen in einer aktualisierten Fassung unter dem Titel »Das Kapital hat nichts zu befürchten, der Mensch schon« auf Spiegel.de, 24.3.2020.

Im Réduit. Zuerst erschienen in Sonntagsblick, April 2020.

Ohne Vorbehalt. Zuerst erschienen in SonntagsBlick, Mai 2020.

Die schweizerische Todesverachtung. Beitrag für »Klassisch unterwegs«, Norddeutscher Rundfunk, Juli 2020.

Ein sehr politisches Gefühl. Zuerst erschienen in Sonntagsblick, September 2020.

Inhalt

I

Storytelling 7
Wahrheit und Wirklichkeit 16
Das Ulmensterben 26
Alle lachen, niemand weiß, worüber
Zu Anton Tschechows »Der Kirschgarten« 33
Die Leere
Zu einigen Bildern von Shirana Shahbazi 40
Söckchen und Gamaschen
Zu Tizians »Verkündigung« 49

II

Postdemokratie? 57
Identitätspolitik 62
Bona Fide 68
Die Rabenmutter 74
Asia Level 79
Komplizen der Korruption 84
Das Unglück der Kleinfamilie 89
Natural Selection 94
Dark Mode 98
Die Erlösung durch Dörrobst 103
Jeder liest für sich alleine 108
Von Ochsen und Pferden 113
Symmetrische Demobilisierung 118
Anarchy in Switzerland 123

III

Der Tausch 131
Birnen schütteln 137
Über dem Alpenraum vorläufig eine stabile Lage 142
Im Réduit 147
Ohne Vorbehalt 152
Die schweizerische Todesverachtung 158
Ein sehr politisches Gefühl 161

Anhang

Nachbemerkung 169
Nachweis der Erstdrucke 171

Bibliografische Information der Deutschen Nationalbibliothek
Die Deutsche Nationalbibliothek verzeichnet diese Publikation in der
Deutschen Nationalbibliografie; detaillierte bibliografische Daten
sind im Internet über http://dnb.d-nb.de abrufbar.

© Wallstein Verlag, Göttingen 2020
www.wallstein-verlag.de
Vom Verlag gesetzt aus der Stempel Garamond
Umschlaggestaltung: Susanne Gerhards, Düsseldorf
unter Verwendung eines Ölgemäldes von Diego Velázquez,
Retrato de Felipe IV en armadura, Prado, ca. 1626-1628
Druck und Verarbeitung: Pustet, Regensburg
ISBN 978-3-8353-3831-9